Franz Sauter

Musikalisches Grundwissen

AF236774

Franz Sauter

Musikalisches Grundwissen

Eine systematische Erklärung der Musik

3., verbesserte Auflage

Bibliografische Information der Deutschen Nationalbibliothek:
Die Deutsche Nationalbibliothek verzeichnet diese Publikation in der Deutschen
Nationalbibliografie; detaillierte bibliografische Daten sind im Internet über
http://dnb.dnb.de abrufbar.

3., verbesserte Auflage

© 2023 Franz Sauter

Mitwirkende:
   Mathias Günther, Detlev Kraack, Martin Krautkrämer, Erich Novak, Gert Stroex

Herstellung und Verlag: BoD – Books on Demand, Norderstedt

ISBN: 978-3-7557-7935-3

Inhaltsverzeichnis

I. Harmonik

    1. Konsonanz   7

    2. Tonalität   15

    3. Modulation   23

II. Rhythmik

    4. Takt   31

    5. Metrik   35

III. Melodik

    6. Tonstufen   45

    7. Kontrapunkt   53

    8. Motiv   61

Literaturverzeichnis   67

Verzeichnis der Notenbeispiele   69

I. Harmonik

1. Konsonanz

Eine systematische Erklärung der Musik beginnt am besten mit der Analyse der Konsonanz. Man erkennt dann nämlich das Prinzip, nach dem die einfachsten Bausteine der Musik geformt sind, also das Elementare und Grundlegende der Musik. Danach kann man, Schritt für Schritt, all das entwickeln und ableiten, was auf dieser Grundlage aufgebaut ist.

Elementare Klangformen sind die Dur- und Molldreiklänge, und Konsonanz ist genau die Art von Harmonie, die diesen Klängen eigentümlich ist. Das ist eigentlich jedem Musiker bekannt.[1] Weniger bekannt ist, dass – und vor allem: *wie* – sich von diesem Ausgangspunkt her der ganze innere Zusammenhang der Harmonik, Rhythmik und Melodik erschließt. Man wird das am Ende dieses Buchs sehen, soviel sei vorweg versprochen.

Die Harmonie von Dur- und Mollklängen, die Konsonanz heißt, ist also zunächst zu erklären. Die Frage, die zu beantworten ist, lautet: Wieso, warum, wodurch und inwiefern harmonieren die Töne in einem Dur- oder Molldreiklang? Sehen wir uns zunächst einmal an, wie ein Dur- oder Molldreiklang in seiner Grundform beschaffen ist: Beiden Klängen ist gemeinsam, dass die beiden Töne, die Grundton und Quinte heißen, das Schwingungsverhältnis 2:3 ‚haben‘. Das heißt: Die Schwingungen, die einen Ton erzeugen, sind bei der Quinte eineinhalbmal so schnell wie beim Grundton. Die Terz, der Ton zwischen Grundton und Quinte, kommt beim Durdreiklang durch relativ schnellere Schwingungen zustande als beim Molldreiklang. Ein Beispiel:

Tonfrequenzen bei zwei Dreiklängen

Der Ton a wird durch 440 Schwingungen pro Sekunde erzeugt, das sind 440 Hz. Die Terz des A-Dur-Dreiklangs liegt bei 550 Hz. Das Schwingungsverhältnis beträgt 550:440 = 5:4. Das entsprechende Intervall heißt *große Terz*. Die *kleine Terz*, die darüber liegt, hat das Frequenzverhältnis 660:550 = 6:5.

---

[1] Zarlino hat schon im 16. Jahrhundert Dur- und Molldreiklänge als Konsonanzen und als die harmonischen Elementarformen der Musik erkannt, die seinerzeit im Entstehen begriffen war. Seine Publikation: Gioseffo Zarlino, *Le istituzioni harmoniche*, Venedig 1558.

Beim Molldreiklang ist es umgekehrt: Die kleine Terz liegt unten und hat bei diesem Beispiel das Frequenzverhältnis 528:440 = 6:5. Die große Terz darüber hat das Frequenzverhältnis 660:528 = 5:4. In beiden Fällen ergänzen sich also große und kleine Terz zum Intervall namens Quinte, was mathematisch so ausgedrückt werden kann:

$$\text{Dur:} \quad 5:4 \cdot 6:5 = 3:2$$

$$\text{Moll:} \quad 6:5 \cdot 5:4 = 3:2$$

Diese Frequenz*verhältnisse* sind kennzeichnend für Dur- oder Molldreiklänge, unabhängig von der Frequenz des Grundtons. Über das Harmonieren der Dur- und Mollklänge wissen wir jetzt aber nur so viel: Es findet statt, wenn die Töne die angegebenen Frequenzverhältnisse aufweisen. Wir kennen jetzt die *Bedingung* des Harmonierens, aber noch nicht seinen *Grund*. Beides miteinander zu verwechseln, würde bedeuten, dass man etwas geheimnisvoll Harmonisches in den Zahlenverhältnissen sucht, so als ob *Zahlen* harmonieren würden und nicht die *Töne*. Tatsächlich gibt es Leute, die den Zahlen mystische Eigenschaften zuschreiben und in diesem Sinne Musik im Kern für „reine Mathematik" halten.

Das Harmonieren der Töne ist jedoch eine Form des Zusammenpassens, also eine Art von Beziehung, in der es etwas an den Tönen gibt, worin sie übereinstimmen können. Worin aber können Töne, die mit unterschiedlichen Frequenzen erklingen, übereinstimmen? Dieses Rätsel kann nur gelöst werden, wenn man sich die Töne näher ansieht, genauer gesagt: die Form der ihnen zugehörigen Schwingungen. Dazu kann man zum Beispiel die Rillen von Schallplatten, die ja neuerdings wieder beliebt werden, unter die Lupe nehmen. Noch besser geeignet sind Oszillographen, die speziell für diesen Zweck konstruiert sind. Auf einem solchen Gerät könnte ein Ton mit der Frequenz von 500 Hz zum Beispiel so angezeigt werden:

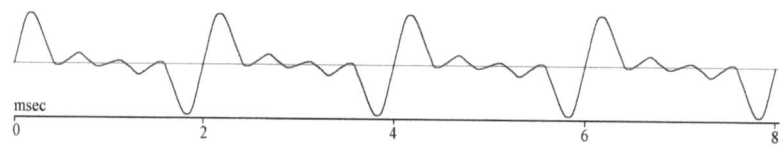

Vier Schwingungen eines Tons von 500 Hz

Die Form dieser Schwingungen beruht darauf, dass sich einige Teilschwingungen überlagert haben. Jeder Ton resultiert aus einer ganzen Menge von Teilschwingungen, deren Frequenzen immer ein ganzzahlig Vielfaches der Grundschwingung (= der ersten Teilschwingung) betragen. In diesem – vereinfachten – Beispiel sind nur vier Teilschwingungen überlagert:

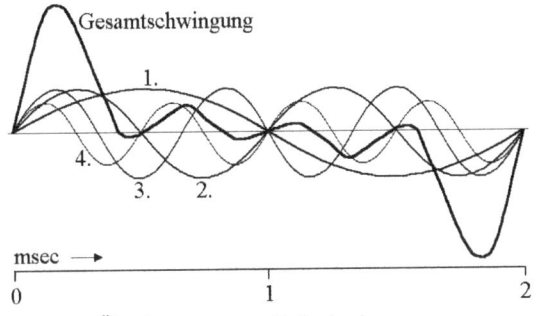

Überlagerung von Teilschwingungen

Die Frequenzen dieser Teilschwingungen betragen:

1. Teilschwingung: 500 Hz
2. Teilschwingung: 1000 Hz
3. Teilschwingung: 1500 Hz
4. Teilschwingung: 2000 Hz

Die Gesamtschwingung ergibt sich als Summe der Teilschwingungen: An jedem Punkt addieren sich die Ausschläge der Teilschwingungen zum Ausschlag der Gesamtschwingung. Der Ausschlag nach unten ist ein negativer Ausschlag, wird also als negativer Betrag addiert.

Wie die Schwingungen den Ton, so erzeugen die Teilschwingungen die Teiltöne, und dieser Ausdruck soll auch im Folgenden gebraucht werden. Weniger vorteilhaft ist der Ausdruck „Obertöne"; denn mit Obertönen ist das gemeint, was durch Schwingungen „oberhalb" der Grundschwingung erzeugt wird. Dann ist der erste Oberton dasselbe wie der zweite Teilton. Manche nummerieren die Obertöne auch so wie die Teiltöne, weil dies für die übersichtliche Darstellung der Frequenzen günstiger ist. Die unterschiedliche Nummerierung führt aber dann wieder zu Missverständnissen, die man vermeiden kann, wenn man von Teiltönen spricht. In der Physik werden die Teilschwingungen auch „Harmonische" genannt. Das ist eine abgekürzte Fassung des Ausdrucks „harmonische Schwingungen". Damit ist gemeint, dass die Teilschwingungen rein sinusförmige Schwingungen sind. Ihre Kennzeichnung als „harmonisch" meint in diesem Zusammenhang so etwas wie „gleichförmig", hat also eine etwas andere Bedeutung als das hier verwendete musikalische Attribut „harmonisch".

Kommen wir zurück auf die Beschaffenheit der Töne: Das obige Beispiel zeigt nur das *Prinzip* der Überlagerung von Schwingungen. In Wirklichkeit haben die Töne noch viel mehr Teiltöne. Nicht zuletzt auch deshalb, weil seit der Durchsetzung einer auf Dur und Moll gegründeten Musik, also seit etwa 500 Jahren, die Instrumentenbauer dafür gesorgt haben, dass mit *klangvollen*

Tönen musiziert werden kann. Klangvolle Töne haben ein reichhaltiges und ausgeprägtes Spektrum an Teiltönen. Bei einer Geige, um nur ein Beispiel zu nennen, wird die Klangfülle der Töne durch ausgesuchte Hölzer und einen raffiniert geformten Resonanzkörper erreicht, der mit der gestrichenen Saite mitschwingt und dadurch den Klang anreichert. Das Klangspektrum eines Geigentons von 440 Hz kann folgendermaßen dargestellt werden:

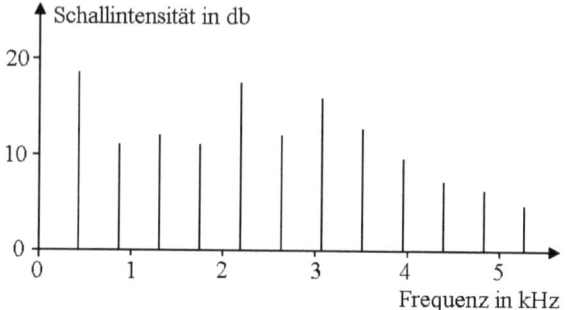

Klangspektrum eines Geigentons von 440 Hz

Man sieht, dass der erste Teilton mit 440 Hz, also 0,44 kHz, eine Schallintensität von fast 20 db hat, der zweite Teilton mit 0,88 kHz etwas mehr als 10 db, usw. Die Frequenzen der Teiltöne sind natürlich bei jedem Ton gleich, der mit 440 Hz schwingt. Nicht aber die Schallintensität der Teiltöne. Diese beeinflusst nämlich die besondere Klangfarbe der Töne, durch die sich die Instrumente unterscheiden. Was aber die musikalischen Töne gemeinsam haben, ist ihre Klangfülle, also die Tatsache, dass sie über ein ausgeprägtes Spektrum an Teiltönen verfügen. Um zu untersuchen, wie solche Töne harmonieren können, müssen wir auf die besondere Klangfarbe der Töne keine Rücksicht nehmen. Einen Durdreiklang kann man auf einem Klavier genauso gut spielen wie auf einer Gitarre, und die Harmonie dieses Dreiklangs ist dabei dieselbe. Deshalb kann man von der Schallintensität der Teiltöne absehen und einen klangvollen Ton schematisch in folgender Weise darstellen:

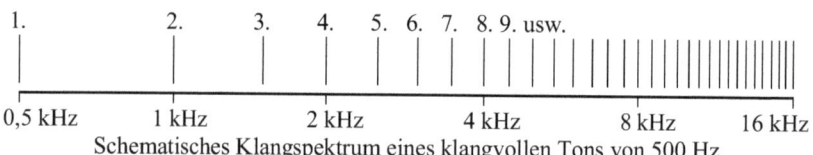

Schematisches Klangspektrum eines klangvollen Tons von 500 Hz

In dieser Darstellung sind die Frequenzen logarithmisch skaliert. Dadurch erscheinen gleiche Frequenzverhältnisse als gleiche Abstände. Die Frequenzverhältnisse 1:0,5 = 2:1 = 4:2 = 8:4 usw. haben also immer den gleichen Abstand. Das kommt auch der Vorstellung der Musiker entgegen, die diese Sichtweise von der Notenschrift, der Tastatur des Klaviers usw. gewohnt sind. Vor allem aber erleichtert es im Folgenden die Darstellung von Tönen, die harmonieren, wenn sie zusammenklingen. Die Teiltonreihen der unterschiedlichen Töne erscheinen dann einfach gegeneinander verschoben. Hier sieht man Dur- und Molldreiklänge mit ihren Teiltönen:

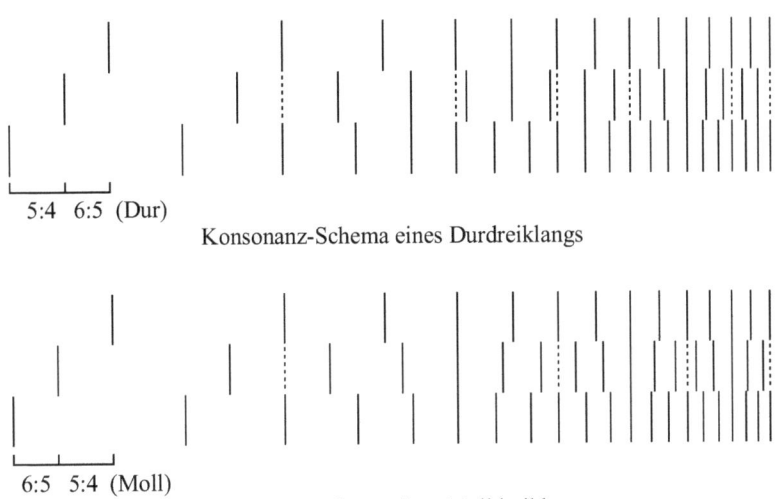

5:4 6:5 (Dur)

Konsonanz-Schema eines Durdreiklangs

6:5 5:4 (Moll)

Konsonanz-Schema eines Molldreiklangs

In dieser Darstellung müssen keine Frequenzen angegeben werden, weil die Darstellung für alle Dreiklänge gilt, bei denen die Töne die angegebenen Schwingungsverhältnisse aufweisen. Man sieht jeweils unten die Teiltöne des Grundtons, darüber die der Terz und oben die Teiltöne der Quinte des jeweiligen Dreiklangs. Man kann jetzt erkennen, dass eine ganze Reihe von Teiltönen der unterschiedlichen Töne auf der gleichen Frequenz liegen. Soweit Teiltöne der Terz mit denen des Grundtons oder der Quinte übereinstimmen, sieht man es an der durchgezogenen Linie. Wo nur Grundton und Quinte gemeinsame Teiltöne haben, wird dies durch eine gestrichelte Linie angezeigt.

Damit ist zunächst einmal das prinzipielle Geheimnis der Konsonanz gelüftet: Die in der Konsonanz zusammenklingenden Töne haben gemeinsame Teiltöne.[2] Die Schwingungen der zusammenfallenden Teiltöne überlagern sich jeweils zu einer einheitlichen Teilschwingung. Das Harmonieren der klangvol-

---

[2] Heinrich Husmann hat in seiner „Koinzidenztheorie der Konsonanz" erkannt, *„daß die Konsonanz an der Gemeinsamkeit der Obertöne liegt."* (Heinrich Husmann, *Vom Wesen der Konsonanz*, Heidelberg 1953, S. 56)

len Töne besteht in ihrem Zusammenpassen aufgrund ihrer Klangeigenschaften; es beruht ganz und gar auf dem Klang der Töne selbst und ist insofern ein *unmittelbares* Harmonieren der Töne.

Betrachtet man die Übereinstimmung der Klangteile in Dur- und Molldreiklängen genauer, so kann man feststellen, dass im Durdreiklang mehr Teiltöne zusammenfallen als im Mollklang. Der Durdreiklang ist daher eine stärkere Konsonanz als der Molldreiklang. Wir werden im zweiten Kapitel noch sehen, dass dieser Unterschied eine musikalische Konsequenz hat.

Wir haben bisher nur den Zusammenklang der Töne in den Grundformen der Dur- und Molldreiklänge untersucht. Konsonanz ist jedoch auch die Harmonie in anderen Formen dieser Dreiklänge. Wir sehen im Folgenden C-Dur-Dreiklänge in der Grundform, in der ersten und zweiten Umkehrung, in einer mehr auseinandergespreizten Form und in einer Form, die mehr als drei Töne enthält.

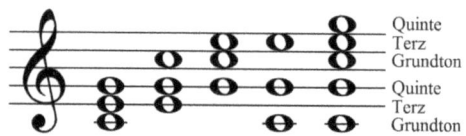

Formen des C-Dur-Dreiklangs

Beim zweiten Klang ist der Grundton oben, beim dritten in der Mitte, beim fünften kommt er zweimal vor. Die Dreiklänge unterscheiden sich in der Anordnung und Anzahl ihrer Töne. Dies erscheint in praktischer Hinsicht ganz selbstverständlich. Theoretisch gesehen ist das aber erklärungsbedürftig. Wenn es sich um verschiedene Formen derselben Sache handeln soll, dann muss es eine Gemeinsamkeit dieser Klänge geben, die ihre unverwechselbare Identität begründet. Vordergründig gesehen besteht die Gemeinsamkeit der oben gezeigten Klänge darin, dass sie alle aus den „gleichen Tönen" bestehen. Wir müssen an dieser Stelle etwas vorsichtiger formulieren: Sie bestehen alle aus Tönen, die c, e und g heißen und die in ihrem Zusammenklang als Grundton, Terz und Quinte bezeichnet werden. Der *Bezeichnung* nach geht jeder davon aus, dass die obigen Klänge gleich *sind* und jeweils die gleichen drei Töne enthalten. Aber aus Bezeichnungen lassen sich keine objektiven Sachverhalte ableiten. Wenn wir die Identität von Harmonien klären wollen, müssen wir einen harmonischen Grund dafür finden, warum der Grundton genauso gut oben oder unten liegen kann. Diesen Grund finden wir in dem harmonischen Verhältnis zwischen den gleichnamigen Tönen. Diese Töne stehen im Abstand einer Oktave, und die Töne der Oktave haben das Schwingungsverhältnis 2:1. Die „Koinzidenz" der Teiltöne, die das Wesen der Konsonanz ausmacht, trifft auf die Oktave in nicht zu übertreffender Weise zu.

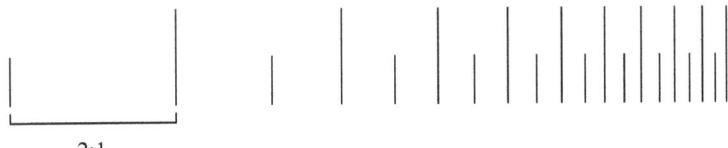

2:1

Konsonanz-Schema der Oktave

Der Klang des oberen Tons der Oktave fällt völlig mit jedem zweiten Teilton des unteren zusammen. Der obere Ton muss daher laut genug gespielt werden, um überhaupt gehört zu werden. Wird zum Beispiel die Klaviersaite des c' bei vorsichtig niedergedrückter Taste durch das Anschlagen des um eine Oktave tieferen c zum Mitschwingen angeregt, so hört man das c' erst, wenn das c gestoppt wird. Aber das nur nebenbei.

Die extreme Harmonie der Oktave, die Stärke ihrer Konsonanz, ist zugleich ihre Schwäche beim Erzeugen harmonischer Unterschiede. Die Unterschiede, die durch verschiedene Anordnung gleichnamiger Töne erreicht werden, verblassen vor dem Unterschied, der in der Anordnung der Terzen begründet ist und über Dur oder Moll entscheidet. Der harmonische *Charakter* von Dur und Moll wird durch die Oktavlage der Töne daher tatsächlich nicht beeinflusst. Was beeinflusst wird, ist nur die *Form* dieser Klänge. Dass die Harmonien unabhängig von der Oktavlage der Töne bestimmt sind, hat eine Rückwirkung auf die harmonische Identität der Töne:

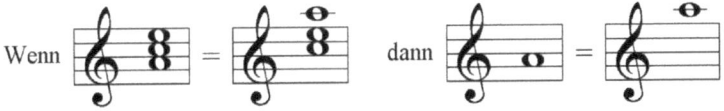

Die Töne, die im Verhältnis 2:1 erklingen, sind gleichgesetzt, weil sie in den Zusammenklängen austauschbar sind und durch ihren Austausch keine harmonische Änderung bewirken. Der Begriff ‚Ton' wird damit doppeldeutig, so dass man sagen kann, dass die Oktave ein harmonisches Verhältnis zwischen gleichen Tönen ist. Dass die in diesem Sinne gleichen Töne den gleichen Namen tragen, ist eine Folge der extremen Konsonanz der Oktave, hat also einen harmonischen Grund und ist keine Willkür der Benennung.

Wie man am Beispiel der Oktave gesehen hat, können auch Zweiklänge Konsonanzen sein. Dies gilt natürlich auch, wenn man von einem Dur- oder Molldreiklang einen Ton wegnimmt. Man hat dann wahlweise einen Zweiklang wie die Quinte (3:2), die große Terz (5:4) oder die kleine Terz (6:5). Auch auf diese Zweiklänge trifft die Definition der Konsonanz durch das Zusammenfallen von Teiltönen zu. Und natürlich sind diese Zweiklänge genauso umkehrbar wie die Dreiklänge:

Die Quarte (4:3) ist nur die auf den Kopf gestellte Quinte (3:2), denn sie hat den Grundton immer oben. Ebenso ist die kleine Sexte (8:5) die Umkehrung der großen Terz (5:4) und die große Sexte (5:3) die Umkehrung der kleinen Terz (6:5). Und durch oktavweise Verlagerung der Töne lassen sich noch weitere Konsonanzen bilden. Es ist nur so, dass diese Zweiklänge in der Musik prinzipiell keine selbständige Rolle spielen. Wenn sie als Zweiklänge auftreten, kann man in der Regel aus dem näheren Zusammenhang erschließen, welchem Dur- oder Molldreiklang sie letztlich als Bestandteile angehören. Der Grund für diese Vorherrschaft der Dur- und Molldreiklänge wird sich erst in den folgenden Kapiteln zeigen. Was man aber jetzt schon sehen kann, ist die harmonische Überlegenheit des konsonanten Dreiklangs gegenüber dem konsonanten Zweiklang: In Dur- und Molldreiklängen ergänzen sich große und kleine Terz zur Quinte. Es ist also immer die Harmonie von drei Zweiklängen in diesen Dreiklängen zusammengefasst. Nimmt man aber von einem konsonanten Dreiklang nur einen Ton weg, so fallen gleich zwei integrierte Zweiklänge weg, die im Dreiklang noch enthalten waren. Dur- und Molldreiklänge sind daher angereicherte Konsonanzen im Vergleich zu den darin integrierten Zweiklängen.

Wir können also festhalten: Dur- und Mollklänge sind vollkommene und vollständige Konsonanzen. Sie sind dies unabhängig von der Form, in der sie auftreten, also unabhängig von der Oktavlage ihrer Töne. Was sie als Konsonanzen kennzeichnet, ist das unmittelbare Harmonieren ihrer Töne aufgrund übereinstimmender Klangteile.

2. Tonalität

Die Harmonien, die in Musikstücken vorkommen, sind entweder Konsonanzen oder Dissonanzen. Konsonanzen kennen wir jetzt schon, und Dissonanzen sollen noch in diesem Kapitel erklärt werden. Es gibt aber sehr einfache Musikstücke, die ganz mit Konsonanzen auskommen können. Es sind dann immer drei Dur- oder Molldreiklänge, welche die harmonische Substanz eines solchen Stücks darstellen. Die kürzeste Zusammenfassung dieser drei Konsonanzen zu einem harmonischen Ganzen heißt *Kadenz*. Kadenzen kommen vielfach in Musikstücken vor, dienen aber auch der Demonstration eines harmonischen Sachverhalts. So auch hier:

Kadenzen in A-Dur und a-Moll

Die Abkürzungen bedeuten:

T = Tonika
D = Dominante   (früher auch: Oberdominante)
S = Subdominante (früher auch: Unterdominante)

Diese Begriffe wurden von Rameau eingeführt, der sich um die Erklärung der Tonalität verdient gemacht hat.[3] Mit Dominante ist ein konsonanter Dreiklang gemeint, der in seiner Grundform eine Quinte *höher* steht als die Grundform der Tonika, mit Subdominante ist ein entsprechender Dreiklang gemeint, der eine Quinte *tiefer* steht. Gewöhnlich notiert man Dominante und Subdominante jedoch in ihren Umkehrungen, um die Töne der Kadenz nicht so weit auseinander zu legen. Im obigen Fall hat die Tonika den Grundton a, die Subdominante den Grundton d und die Dominante den Grundton e.

Bemerkenswert an der Kadenz ist, dass sie nicht nur eine äußerliche Zusammenstellung von Harmonien darstellt, also von Konsonanzen mit ihren harmonierenden Tönen, sondern ein harmonisches Verhältnis *zwischen* diesen Konsonanzen. Wir kennen bisher Harmonie nur als ein Verhältnis von zusammenklingenden Tönen. Nun müssen wir in Betracht ziehen, dass auch in der *Abfolge* von Zusammenklängen Harmonie liegen kann. Es handelt sich dann um ein Verhältnis des gerade gehörten Zusammenklangs zu einem bereits verklungenen. Die menschliche Wahrnehmung ist eine geistige Leistung, die nicht nur die Sinnesorgane, sondern auch das Gedächtnis in Anspruch nimmt.

---

[3] Jean-Philippe Rameau, *Traité de l'harmonie réduite à ses principes naturels*, Paris 1722.

Das momentan Gehörte bezieht man also prinzipiell auf das, was man noch „im Ohr" hat. Die Harmonie, die zum Beispiel zwischen Tonika und Dominante besteht, wird durch einen solchen geistigen Abgleich der nacheinander erklingenden Harmonien wahrgenommen. Die Übereinstimmung der Klangteile, die diese Harmonie begründet, ist im folgenden Schaubild dargestellt:

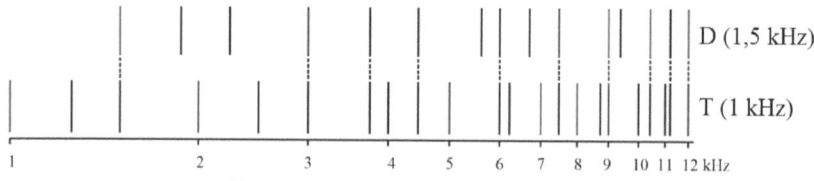

Teiltöne von Tonika und Dominante in Dur

Unten sieht man die Teiltöne einer Tonika, darüber die einer zugehörigen Dominante. Es wird dabei für den untersten Teilton einer in Grundform stehenden Tonika eine Frequenz von 1000 Hz angenommen. Beide Konsonanzen sind Dur-Dreiklänge. Und die gestrichelten Linien stehen für die Übereinstimmung von Teiltönen, aber auch für den zeitlichen Abstand zwischen dem erklingenden und dem bereits verklungenen Dreiklang.

Die Harmonie zwischen Tonika, Dominante und Subdominante heißt *Tonalität*. In der Kadenz ist die Tonalität in der einfachsten Form zusammengefasst.[4] Es ist natürlich klar, dass die Elemente der Tonalität nicht schon durch ihre Konsonanz als Tonika, Dominante und Subdominante bestimmt sind. Sie sind dies nur durch ihr Verhältnis zueinander, definieren sich also wechselseitig als diese Elemente der Tonalität, und zwar notwendigerweise durch ihr kombiniertes Auftreten. In ihrer Aufeinanderfolge ‚realisieren' Tonika, Dominante und Subdominante ihre harmonischen Beziehungen zueinander. Eine solche Beziehung haben Dominante und Subdominante zunächst *zur Tonika* in ihrer Mitte. Eine weitere Beziehung haben sie *zueinander*.

$$3:2 \left\{ \begin{matrix} D \\ T \end{matrix} \right\} \; 9:4 = 3:2 \cdot 3:2$$
$$3:2 \left\{ \begin{matrix} T \\ S \end{matrix} \right.$$

Dieses Verhältnis zwischen Dominante und Subdominante ist einerseits durch die Tonika vermittelt und andererseits über sie hinweggespannt. Man spürt die harmonische Spannung zwischen Dominante und Subdominante besonders deutlich, wenn man die beiden unmittelbar miteinander konfrontiert, wenn man sie also von der vermittelnden Harmonie abtrennt. Und genau das

---

[4] *„Die Kadenz ist der vollkommenste Ausdruck der Tonalität."* (Hermann Grabner, *Allgemeine Musiklehre*, Kassel 1974, S. 109)

wird in der Kadenz vorgeführt. Durch das nachfolgende Auftreten der Tonika wird diese harmonische Spannung dann „aufgelöst". Dieses Hin und Her, der beständige Auf- und Abbau von harmonischer Spannung macht den Reiz der Tonalität aus. Man kann also sagen, dass die Abfolge von Subdominante und Dominante „auflösungsbedürftig" ist.[5] Sehen wir uns noch einmal eine Kadenz an:

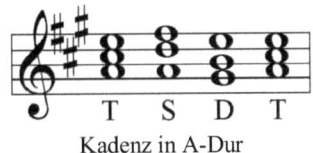

Kadenz in A-Dur

Der erste Dreiklang ist bei seinem Erklingen noch gar nicht als Tonika zu erkennen, denn er bietet zunächst nur die Harmonie einer Konsonanz dar, nicht aber die der Tonalität. Erst wenn Subdominante und Dominante erklungen sind, haben sich die Elemente einer Tonalität gezeigt. Dann erscheint der erste Klang *im Nachhinein* als Tonika. Und der vierte Klang tritt *bei seinem Erklingen* als Tonika in Erscheinung, nämlich als das, was die Tonika ihrem Wesen nach ist: als Auflösung der Spannung zwischen Dominante und Subdominante.

Je näher Subdominante und Dominante zusammenrücken, desto stärker wird die Spannung in diesem Verhältnis bemerkbar, desto dringlicher wird auch die „Forderung" nach Auflösung. Und die beiden Dreiklänge können in der Tat noch näher zusammenrücken, als sie es in der Kadenz tun:

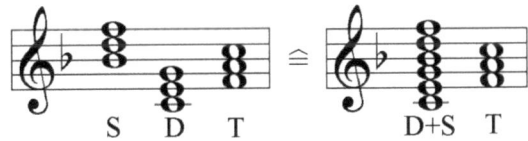

Vergleich zwischen Kadenz und Dissonanz

In diesem Beispiel ist die Subdominante eine Oktave höher, die Dominante eine Oktave tiefer gesetzt. Auf diese Weise kann man die beiden Klänge leicht zu einem Turm aus sechs Tönen zusammenfügen. Den Namen dieses Ungetüms (Dominantundezimakkord) müssen wir uns nicht merken. Für uns ist nur wichtig, dass hier Subdominante und Dominante in einem Klang vereint sind. Und dadurch ist dieser Klang eine *Dissonanz*. In einer Dissonanz sind die Elemente der Tonalität in einem Zusammenklang kombiniert. Der Unterschied zwischen Dissonanz und Kadenz ist nicht groß. Es handelt sich dabei nur um

---

[5] *„Subdominante und Dominante bilden in der tonalen Harmonik einen Kontrast, der die Tonika als Vermittlung und Ausgleich fordert."* (Carl Dahlhaus, *Untersuchungen über die Entstehung der harmonischen Tonalität*, Kassel 1968 , S. 64)

unterschiedliche Formen, in denen die Töne von Tonika, Dominante und Subdominante kombiniert sind. Im Beispiel des Dominantundezimakkords werden also Subdominante und Dominante kombiniert. Dasselbe passiert in der Kadenz, nur eben als eine Abfolge von Konsonanzen. Die Tonika löst in beiden Fällen die harmonische Spannung zwischen ihren entgegengesetzten Begleitern auf. Treten diese gemeinsam in einem Zusammenklang auf, dann ist die Tonika die *Auflösung einer Dissonanz*.

Zwischen Konsonanz und Dissonanz besteht ein grundsätzlicher Unterschied: In der Konsonanz harmonieren die Töne *unmittelbar* aufgrund der Übereinstimmung ihrer Klangteile. In der Dissonanz harmonieren die Töne *auf einem Umweg*, nämlich infolge ihrer Zugehörigkeit zu den Elementen der Tonalität. Die Tonalität baut zwar auf der Konsonanz auf, spielt aber harmonisch in einer anderen Liga.

In einer Dissonanz müssen natürlich nicht alle Töne der Dreiklänge vorkommen, die der Tonalität zugrunde liegen. Es reicht, dass überhaupt Bestandteile unterschiedlicher Dreiklänge miteinander kombiniert werden. Man kann die Dissonanzen nach ihrer tonalen Zusammensetzung in vier Kategorien einteilen: D+S, D+T+S, T+S und T+D. Um die harmonische Zusammensetzung der Dissonanzen genauer zu betrachten, kann man Grundton, Terz und Quinte der Dreiklänge durch waagerechte Striche kennzeichnen, wobei man den Grundton unten, die Quinte oben notiert. Man erhält dann eine sachgerechte harmonische Formel für jede Dissonanz. Der wohl bekannteste und häufigste Akkord des ersten der vier Typen von Dissonanzen, der Dominantseptakkord, hat dann die folgende Formel:

Dominantseptakkord

Den harmonischen Charakter dieses Akkords hat Heller so beschrieben:

„Gerade in dem Dominant-Septimenakkord ... erblicken wir denjenigen Zusammenklang, den wir direkt als den Typ einer Dreiklangs-Mischharmonie ansehen können; ... seiner wahren Natur nach besteht der Dominant-Septimenakkord nämlich aus dem tonartlichen Oberdominant-Dreiklang, dem der um zwei Oktaven nach oben verlegte Grundton des Unterdominant-Dreiklangs sich hinzugesellt ...“ [6]

Obwohl Heller bewusst war, dass er für den *„Typ einer Dreiklangs-Mischharmonie“* auch noch weitere Beispiele hätte anführen können, scheint er nicht

---

[6] Max Paul Heller, *Die Musik als Geschenk der Natur*, Berlin 1930, S. 60.

bemerkt zu haben, dass er mit diesem Ausdruck den Begriff *jeglicher* Dissonanz ausgesprochen hat.

In einer „Mischharmonie" können auch Töne aus allen drei Komponenten der Tonalität zusammenklingen:

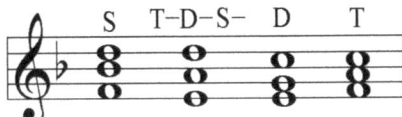

Dissonanz aus Tonika, Dominante und Subdominante

Hier sind die jeweiligen Terzen von Tonika, Dominante und Subdominante zu einer Dissonanz kombiniert, die – in diesem Beispiel vermittelt über die Dominante – in die Tonika aufgelöst wird. Als Auflösung wirkt die Tonika natürlich nicht, wo sie in der Dissonanz eingebunden ist, sondern nur in der Form der Konsonanz. Aber ihr Auftreten nach dieser Dissonanz ist nicht nur eine Auflösung des Gegensatzes von Dominante und Subdominante, sondern auch eine Herauslösung aus ihrer Verbindung mit diesen Klängen. Etwas Ähnliches findet in Dissonanzen der folgenden Art statt:

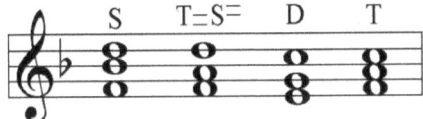

Dissonanz aus Tonika und Subdominante

Hier klingen Grundton und Terz der Tonika mit Terz und Quinte der Subdominante zusammen. Auch hier wird die Auflösung in die Tonika über einen Zwischenschritt vermittelt. Die Tonika löst einerseits den Gegensatz von Dominante und Subdominante auf. Aber dieser Gegensatz ist in der Dissonanz nicht enthalten. Soweit die Tonika die Dissonanz auflöst, befreit sie sich nur aus der Verbindung mit der Subdominante.

Die zuletzt angeführte Dissonanz ist zugleich ein Beispiel für eine *Scheinkonsonanz*. Isoliert betrachtet oder angehört hat dieser Klang die Form einer Konsonanz. Er klingt wie eine Konsonanz. Aber in der Tonalität können die Klänge nicht mehr isoliert betrachtet werden. Die Dur- und Molldreiklänge sind verwandelt in Tonika, Dominante und Subdominante. Wir sehen jetzt erst, wie die Klänge in der Musik vorkommen, die wir zunächst isoliert betrachten mussten, um ihre Harmonie zu ergründen. Und wir sehen, dass sie in Wirklichkeit gar keine isolierten Klänge sind. Im Geltungsbereich der Tonalität können nur Tonika, Dominante und Subdominante Konsonanzen sein. Mischharmonien sind dagegen prinzipiell Dissonanzen. Ihre Auflösungsbedürftigkeit zeigt sich in dem harmonischen Zusammenhang, in dem sie stehen. Und Tonalität kann es nicht anders geben als im kombinierten Auftreten ihrer Komponenten, im beständigen Auf- und Abbau von harmonischer Spannung.

Durch die Tonalität erfährt der Begriff der Konsonanz also eine Präzisierung: Die Konsonanz fällt ganz mit ihrer Existenzweise als Tonika, Dominante und Subdominante zusammen. Sie ist und bleibt konstituierendes Element der Tonalität im Unterschied zur Dissonanz, in der die Bestandteile solcher Elemente vermischt sind.

Die Verwechslung von Konsonanz und Scheinkonsonanz hat in der Musikwissenschaft eine lange Tradition. Der theoretische Irrweg beginnt immer damit, dass Konsonanzen und Dissonanzen prinzipiell als isolierte Klänge betrachtet werden, also unabhängig vom harmonischen Umfeld, in dem sie stehen. Sie werden dann möglichst als Zweiklänge miteinander verglichen, denen man ihren konsonanten oder dissonanten Charakter anmerken soll. In diesem Zusammenhang zieht ein Zweiklang viel Aufmerksamkeit auf sich, den man *Tritonus* nennt, weil man ihn sich ursprünglich als Resultat aus drei Ganztonschritten vorstellte. Es handelt sich um den Zweiklang D–S–, also die Kombination von dominantischer Terz und subdominantischem Grundton. Das Frequenzverhältnis errechnet sich so: Vom Grundton der Subdominante zu dem der Dominante sind es zwei Quinten, also 3:2 · 3:2. Die Terz hat dann das Verhältnis 5:4. Setzt man den oberen Ton eine Oktave tiefer, so ergibt sich:

$$3:2 \cdot 3:2 \cdot 5:4 \cdot 1:2 = 45:32$$

Da der Tritonus nicht mit einer Konsonanz verwechselbar ist, weil er auch als isolierter Klang auflösungsbedürftig erscheint, wird er als Ursache jeglicher Dissonanz angesehen, in der er vorkommt. So soll er auch die Auflösungsbedürftigkeit des Dominantseptakkords begründen. Seinen dissonanten Charakter versucht man aus dem Zahlenverhältnis 45:32 zu ergründen.

Man ist also auf der Suche nach einem im Zahlenverhältnis liegenden Geheimnis der Dissonanz. Der *qualitative* Unterschied zwischen Konsonanz und Dissonanz, an dem man die Frage der Auflösungsbedürftigkeit eines Klangs entscheiden will, soll in *quantitativen* Verhältnissen zu suchen sein. Dieser Unterschied soll durch eine „Grenze" gefunden werden, die kleine und große Zahlen trennt. Auf diese Weise will man auf geheimnisvolle Weise „einfache" Proportionen von „komplexen" scheiden. Die *musikalische* Erklärung der Dissonanz wird in eins gesetzt mit einer Suche nach *mathematischen* und *physikalischen* Ursachen. Man verwickelt sich in Widersprüche und konstruiert immer wieder neue Theorien, kann aber die ominöse „Grenze" bei den Schwingungszahlproportionen nicht finden. Die Fixierung auf Zähl- und Messbares liefert immerzu nur fortlaufende Reihen und keine harmonischen Bestimmungen. Aber die solchermaßen unsachgemäße Untersuchung der Dissonanz wird auch nirgends als Irrweg erkannt. Aus der nicht gefundenen „Grenze" wird dann auf die Nichtexistenz des zu erklärenden Unterschieds geschlossen. Demnach gibt es nur fließende Übergänge, wo doch Klänge danach unterschieden werden sollten, ob sie auflösungsbedürftig sind oder nicht. Die wissenschaftliche Ratlosigkeit und die Befangenheit in sich widersprechenden Aussagen schlagen sich auch in Lexikon-Artikeln wie dem folgenden nieder:

„Konsonanz" ist „in tonaler Musik ein Klang (Intervall oder Akkord) mit Ruhe- und Entspannungscharakter im Gegensatz zur auflösungsbedürftigen Dissonanz. Die Töne konsonanter Klänge stehen zueinander in einfachen Schwingungszahlproportionen. Allerdings läßt sich das Konsonanzphänomen weder mathematisch noch physikalisch eindeutig erklären. Denn die Konsonanz ist keine feststehende Größe, sondern ein relativer Klangwertbegriff, zudem ihrem Grad nach abgestuft und ohne klar bestimmbare Grenze zur Dissonanz (...). " [7]

Kommen wir zurück zum sehr klar bestimmbaren Unterschied zwischen Konsonanz und Dissonanz. Der Unterschied besteht darin, dass im einen Fall Tonika, Dominante und Subdominante nur mit ihren eigenen Tönen erklingen und im andern Fall die Töne dieser Klänge sich vermischen.

Die Tonalität tritt also in Erscheinung als eine Abfolge von Konsonanzen und Dissonanzen. Darin spielt sich das Harmonieren von Tonika, Dominante und Subdominante ab, und zwar als Wechselspiel von harmonischer Spannung und Entspannung. Die Töne, in denen die Tonalität verwirklicht wird, sind Grundton, Terz und Quinte von Tonika, Dominante und Subdominante. Und da die Tonika zwei Töne mit den beiden anderen Klängen gemeinsam hat, sind dies sieben Töne. Sie bilden den Tonbestand einer *Tonart.* Wenn die Harmonie der Tonalität realisiert wird, treten die Töne der Tonart in Erscheinung. Und umgekehrt gilt auch das: Wenn die Töne einer Tonart in Erscheinung treten, wird Tonalität realisiert. Die Tonalität ist also auch die Harmonie einer Tonart. Sie kristallisiert sich im Tonbestand einer Tonart. Deshalb heißt die Musik, die auf Dur- und Molltonarten beruht, tonale Musik.

Die wechselseitige Bindung von Tonalität und Tonbestand einer Tonart bedeutet auch, dass die Tonarten unterschiedliche Tonbestände haben müssen; denn die Tonalität schlägt sich nicht nur in einem solchen Tonbestand nieder, sondern wird auch durch ihn ins Leben gerufen. Dies spricht gegen die immer wieder aufgewärmte Vorstellung von einer „natürlichen" Moll-Tonart, von der die wirkliche Moll-Tonart – angeblich wegen eines melodischen Effekts – „künstlich" abweicht. Das „natürliche Moll" wird vorgestellt als Kombination aus drei Molldreiklängen, wohingegen das „harmonische Moll" mit seinem

---

[7] Gerhard Kwiatkowski u. a. (hg.), *Meyers kleines Lexikon Musik*, Mannheim u. a. 1986, S. 186.

Durdreiklang als Dominante eine Verfälschung der Natur sein soll. Die Kombination aus drei Moll-Dreiklängen führt jedoch zum gleichen Tonbestand wie eine Kombination aus drei Dur-Dreiklängen. Dieser Tonbestand wird schon von der Tonalität einer Dur-Tonart in Beschlag genommen. Und gegen die harmonische Durchsetzungskraft der Durklänge haben die Mollklänge mit ihrer geringeren Anzahl zusammenfallender Teiltöne keine Chance. So zeigt sich am Konstrukt der natürlichen Moll-Tonalität nur das Phänomen einer Schein-Tonalität:

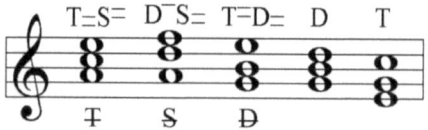

Erste Schein-Tonalität

Die Unterstellung, es handle sich bei den ersten drei Klängen um Tonika, Subdominante und Dominante in a-Moll, entspricht nicht der harmonischen Wirklichkeit. Die Symbole für diese Unterstellung sind daher durchgestrichen. Richtig sind die Symbole darüber, welche die Klänge als Schein-Konsonanzen in C-Dur kennzeichnen. Entsprechend werden die Klänge in die Tonika von C-Dur aufgelöst. Eine eigenständige Moll-Tonart kann nicht aus drei Mollklängen bestehen. Sie muss sich vom Tonbestand einer Dur-Tonart unterscheiden. Aber auch eine Subdominante in Dur würde zum Tonbestand einer Durtonart führen:

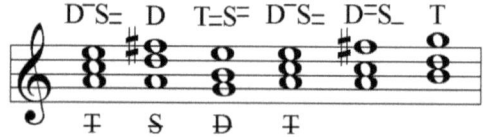

Zweite Schein-Tonalität

Der Versuch, auf diese Weise eine Tonika, Subdominante und Dominante in a-Moll zu konstruieren, misslingt ebenso. Das Resultat ist eine Schein-Tonalität, die aus Scheinkonsonanzen in G-Dur gebildet ist. Es gibt also nur *eine* Alternative zum Tonbestand einer Dur-Tonart: Das „harmonische Moll" mit einer Dominante in Dur.

Zur Zeit der Herausbildung der Dur- und Molltonarten ist tatsächlich versucht worden, mit dem Tonbestand der späteren C-Dur-Tonart so zu verfahren, als ob darin der Klang a-c-e eine Tonika wäre. Die Lieder aus dieser Zeit haben noch eine archaische, unfertige, instabile, schwebende Tonalität. Aber bereits in der Barockmusik haben sich die Tonbestände von Dur- und Molltonarten getrennt.

3. Modulation

Die Modulation ist der harmonische Übergang von einer Tonart in eine andere. In der Modulation wird ein harmonisches Verhältnis zwischen den Tonarten ‚realisiert'. Nachdem wir gesehen haben, wie zuerst Töne in Konsonanzen und dann Konsonanzen in Tonarten harmonieren, kommen wir jetzt zur dritten Art von Harmonie, dem Harmonieren der Tonarten in Modulationen. Das folgende Beispiel zeigt einen Übergang von a-Moll nach C-Dur:

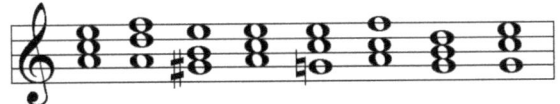

Modulation von a-Moll nach C-Dur

Hier baut sich zunächst der Tonbestand der Tonart a-Moll mit der ihm eigenen Tonalität auf. Die Tonart C-Dur stellt sich dann mit ihrem Tonbestand dagegen und bewirkt, dass die Tonika von C-Dur als harmonische Auflösung erscheint. Der Wechsel der Tonart wird deutlich an der Auflösung des Vorzeichens für den Ton gis, der zum Tonbestand der Tonart a-Moll gehört. Der Ton g kommt in a-Moll nicht vor, aber in der Tonart C-Dur, deren Tonbestand den vorangegangenen ablöst. In den übrigen sechs Tönen stimmen die Tonarten überein. Darin liegt das Harmonische dieses Übergangs. Die harmonischen Verhältnisse zwischen den Tonarten beruhen auf der Übereinstimmung in ihren Tonbeständen. Sehen wir uns die Tonbestände von a-Moll und C-Dur in einer logarithmisch skalierten Darstellung der Tonfrequenzen näher an:

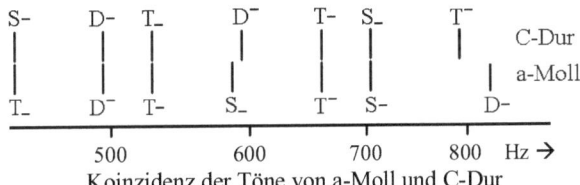

Koinzidenz der Töne von a-Moll und C-Dur

Die senkrechten Linien oben zeigen die Tonfrequenzen in C-Dur, die Linien darunter die Tonfrequenzen in a-Moll. Ganz links liegt der Ton a mit der Frequenz von 440 Hz. In C-Dur ist das die Terz der Subdominante, in a-Moll der Grundton der Tonika. Die harmonische Bestimmung der Töne ist jeweils durch die harmonische Formel dargestellt, die im zweiten Kapitel vorgestellt wurde. Die waagerechten Striche stehen also für Grundton, Terz und Quinte eines konsonanten Dreiklangs.

Man sieht, dass fünf Töne exakt die gleiche Frequenz haben. Bei den übrigen Tönen handelt es sich um den Ton d (oben und unten der 4. Ton von links) sowie den Ton g (oben rechts) und den Ton gis (unten rechts). Dass die Töne g und gis auf verschiedenen Frequenzen erklingen, ist nicht erstaunlich. Bemerkenswert aber ist, dass der Ton d in a-Moll eine etwas tiefere Frequenz hat als in C-Dur. Dieser Unterschied zeigt sich zum Beispiel an der folgenden Dissonanz aus den Tönen h, d und f:

Drei der gemeinsamen Töne von a-Moll und C-Dur

Die beiden Dissonanzen enthalten zwei kleine Terzen: Die konsonante Terz (6:5) und die dissonante Terz (32:27). Die konsonante Terz ist in a-Moll das Verhältnis von Grundton und Terz der Subdominante. In C-Dur ist sie das Verhältnis von Terz und Quinte der Dominante. Die dissonante Terz ist in beiden Tonarten jeweils das Verhältnis zwischen dominantischer Quinte und subdominantischem Grundton. Das Frequenzverhältnis berechnet sich so: Zwischen dem subdominantischen Grundton und der dominantischen Quinte liegen drei Quinten (2:3). Setzt man dann den oberen Ton zwei Oktaven tiefer, so ergibt sich:

$$2{:}3 \cdot 2{:}3 \cdot 2{:}3 \cdot 2{:}1 \cdot 2{:}1 = 32{:}27$$

Da im obigen Beispiel die dissonante Terz in a-Moll unten und in C-Dur oben liegt, ergeben sich die Frequenzen 586,7 Hz und 594 Hz für den Ton d. Der Unterschied zwischen der konsonanten und der dissonanten Terz heißt *syntonisches Komma* (81:80). Das syntonische Komma kann man so berechnen:

$$6{:}5 : (32{:}27) = 81{:}80$$

Der Unterschied, der mit einem ‚Komma' bezeichnet werden kann, betrifft die *Stimmung* eines Tons. In a-Moll hat der Ton d eine andere Stimmung als in C-Dur. G und gis sind jedoch unterschiedliche Töne. Die Frequenzen der beiden Töne haben das Verhältnis 25:24. Das ist der kleine Halbton, im Unterschied zum großen Halbton (16:15) zwischen dominantischer Terz und tonischem Grundton. Beim Identifizieren von Tönen verfährt die musikalische Wahrnehmung nicht wie ein physikalisches Messgerät, für das es nur verschiedene Frequenzen gibt. Ein Musikhörer erkennt einen Ton innerhalb seines harmonischen Umfelds, und zwar auch noch dann, wenn er von der harmonisch optimalen Frequenz ein bisschen abweicht. Man bemerkt die Abweichung durchaus und beurteilt sie als mehr oder weniger akzeptable Verstimmung. Aber man unterscheidet Differenzen der Tonstimmung von solchen, die in der Größenordnung der Tonverhältnisse innerhalb einer Tonart liegen und daher ebenfalls als Verhältnisse zwischen unterscheidbaren Tönen gelten.

Unterscheidbar sind die Töne g und gis. Sie sind die Töne, in denen sich die Tonarten a-Moll und C-Dur unterscheiden. Der Ton d gehört dagegen zu den gemeinsamen Tönen dieser Tonarten. Da er in C-Dur eine andere Stimmung hat als in a-Moll, müsste er eigentlich beim Wechsel der Tonart umgestimmt werden. Verbleibt er in der Stimmung, die er in a-Moll hat, so klingt er in C-Dur leicht verstimmt. Man hat daher die Stimmungen der Töne „temperiert", d.h. einen Ausgleich unter ihnen hergestellt. Von früheren Lösungen, die das Musizieren auf wenige Tonarten eingeschränkt haben, ist man wieder abgekommen und nutzt heutzutage nur noch die *gleichstufig temperierte Stimmung*, weil sie Übergänge in jede beliebige Tonart unter optimalen Bedingungen ermöglicht. Die moderne Tonstimmung – man nennt sie jetzt meist einfach nur die temperierte Stimmung – unterteilt die Oktave in zwölf gleich große Halbtonschritte. Die Verstimmung der Töne ist dadurch deutlich geringer als die Abweichungen in der Größenordnung des syntonischen Kommas. Die temperierte Stimmung erlaubt beliebige Modulationen, ohne dass es zu störenden Missklängen kommt.

Es sind dann zum Beispiel auch Modulationen zwischen a-Moll und f-Moll möglich, bei denen gis und as Töne sind, welche die beiden Tonarten gemeinsam haben. In diesem Fall muss die temperierte Stimmung das etwas größere Komma zwischen gis und as ausgleichen. Diese Töne sind in den folgenden (logarithmisch skalierten) Darstellungen eingekreist:

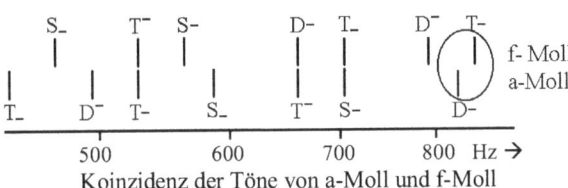

Koinzidenz der Töne von a-Moll und f-Moll

In der temperierten Stimmung stellt sich das Verhältnis der Tonarten a-Moll und f-Moll so dar:

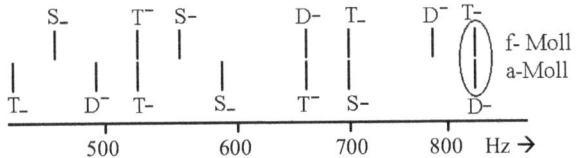

Harmonie zwischen a-Moll und f-Moll in temperierter Stimmung

Eine Modulation wie die folgende kann also in der temperierten Stimmung völlig unkompliziert auf dem Klavier gespielt werden:

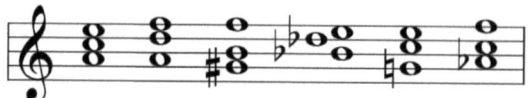

Modulation von a-Moll nach f-Moll

Das klingt natürlich sehr schräg, zeigt aber auch die Bandbreite der harmonischen Möglichkeiten, die mit der Modulation gegeben sind.

Da die Modulation ein harmonischer Übergang in eine neue Tonart ist, kommt es auf die Harmonie zwischen den Tonarten an. Die Übereinstimmung zwischen den tonartlichen Tonbeständen ist nicht von der genauen Stimmung der Töne abhängig. Wenn die Töne aufeinanderfolgender Tonarten zueinander in Beziehung gesetzt werden, wird von unterschiedlichen Tonstimmungen abgesehen. Diese Gleichgültigkeit der Tonstimmung ist in der temperierten Stimmung *objektiviert*. Die Temperatur sorgt dafür, dass die Übereinstimmung in den unterschiedlichen Tonbeständen sich in identischen Frequenzen niederschlägt und dadurch zu einer akustischen Realität wird. Das in den ersten beiden Kapiteln dargelegte Wissen über die genauen Frequenzverhältnisse in der „reinen Stimmung" ist deshalb nicht überflüssig. Es ist und bleibt die Grundlage auch der Modulation, bei der gewisse Ungenauigkeiten in Kauf genommen werden. Wir können die Modulation aber der Einfachheit halber weitgehend aus der Perspektive der temperierten Stimmung betrachten und brauchen nur ausnahmsweise auf die zugrundeliegenden „reinen" Frequenzverhältnisse einzugehen.

Im Übrigen gilt die Charakterisierung der Konsonanz durch zusammenfallende Teiltöne in modifizierter Form auch für die temperierte Stimmung. Auch bei ihr überlagern sich Schwingungen von Teiltönen zu einheitlichen Teilschwingungen, die allerdings in diesem Fall „schweben". Schwebungen sind ein physikalischer Effekt, der sich einstellt, wenn sich zwei Sinusschwingungen überlagern, deren Frequenzen sehr nahe beieinanderliegen. Die Frequenz der Überlagerungs-Schwingung entspricht dann dem Mittelwert der beiden Ausgangs-Schwingungen, und die resultierende Amplitude ist „moduliert". Für einen entsprechend geformten Teilton heißt das, dass seine Schallintensität periodisch schwankt, der Teilton also schwebt. Man nennt daher die gleichstufig temperierte Stimmung auch „gleichschwebend temperierte Stimmung". Denn bei dieser Stimmung wird nur die Oktave schwebungsfrei eingestimmt. Ansonsten haben gleiche Intervalle immer den gleichen Verstimmungsgrad, so dass bei ihnen die Proportionen zwischen vergleichbaren Teiltonfrequenzen und Schwebungsfrequenzen konstant bleiben.

Wenn wir die beiden gezeigten Modulationen vergleichen, dann erscheint der Übergang von a-Moll nach C-Dur relativ leichtfüßig, der von a-Moll nach f-Moll aber ziemlich schroff. Der Unterschied liegt hauptsächlich im Grad der harmonischen Übereinstimmung zwischen den aufeinanderfolgenden Tonarten. C-Dur ist ein naher Verwandter von a-Moll, f-Moll ein etwas entfernter Verwandter. Der Verwandtschaftsgrad hängt von der Übereinstimmung in den Tönen der Tonarten ab. Tonartliche *Verwandtschaft* in einem wissenschaftlich korrekten Sinn meint harmonische Übereinstimmung zwischen den Tonarten. C-Dur stimmt in sechs Tönen mit a-Moll überein, f-Moll in nur vier Tönen. Im letzteren Fall wird dem Ohr eine größere Umstellung abverlangt.

Viele Musiklehrer erläutern die Verwandtschaft der Tonarten anhand des Quintenzirkels. Dieser aber dient einem anderen Zweck: Er soll die Logik der Vorzeichnung verdeutlichen. Der Quintenzirkel kann zum Beispiel sagen, wieviel Kreuze ich setzen muss, wenn ich ein Lied von C-Dur nach D-Dur transponieren will. Aber er kann mir nicht zeigen, dass d-Moll und c-Moll den gleichen Verwandtschaftsgrad zu C-Dur haben (fünf gemeinsame Töne).

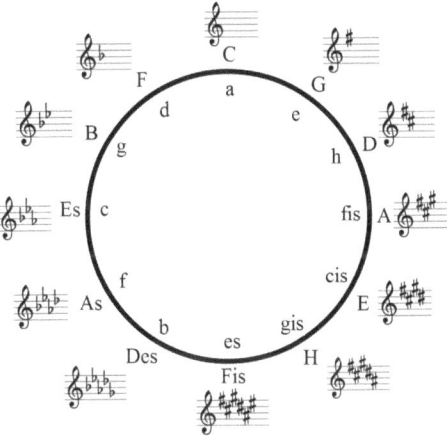

Quintenzirkel

Was man am Quintenzirkel durchaus erkennen kann, ist die Tatsache, dass die Tonbestände der 24 Tonarten ein geschlossenes System bilden. Und auch die temperierte Stimmung erleichtert die Erkenntnis, dass es nur zwölf Töne, zwölf Dur- und zwölf Molltonarten geben kann. Aber die temperierte Stimmung fixiert nur ein System, das aus den harmonischen Eigentümlichkeiten von Modulation und Tonalität resultiert.

Um die *Verwandtschaft* der Tonarten zu bestimmen, muss man die Töne der Tonarten miteinander vergleichen:

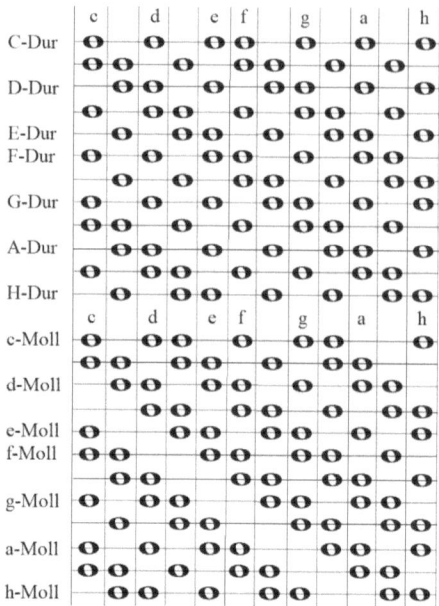

Tonbestände aller Tonarten

Bei einer Modulation vollzieht sich ein Übergang zwischen den Tonbeständen zweier Tonarten. Um diesen Vorgang genauer zu betrachten, nehmen
wir noch einmal das Beispiel vom Anfang:

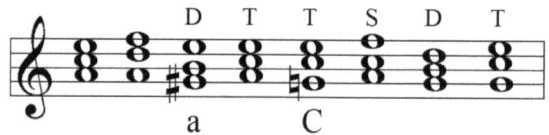

Modulation von a-Moll nach C-Dur

Die ersten beiden Klänge können noch verschiedenen Tonarten angehören.
Aber mit dem dritten Klang steht die Tonart a-Moll fest. Die Töne der ersten
drei Klänge können nur im Tonbestand der Tonart a-Moll vorkommen und
sonst nirgends. Mit dem fünften Klang wird die Tonart a-Moll verlassen, weil
der Ton g darin nicht vorkommt. Der Dreiklang c-e-g gehört also nicht zu a-
Moll. Nun gibt es mehrere Tonarten, in denen er vorkommen kann. Aber keine
dieser Tonarten ist so nah mit a-Moll verwandt wie C-Dur. Deshalb macht sich
schon mit dem Erklingen dieses Dreiklangs ein Übergang in die Tonart C-Dur
geltend. Denn es besteht kein Anlass, eine größere Abweichung vom Tonbe-

stand der Tonart a-Moll zu unterstellen. Für Modulationen in entfernter verwandte Tonarten müssen Töne präsentiert werden, die auf eine geringere Übereinstimmung in den aufeinanderfolgenden Tonbeständen hindeuten.

Sehen wir uns das schroffere Beispiel an:

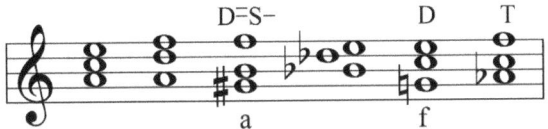

Modulation von a-Moll nach f-Moll

Auch hier steht mit dem dritten Klang die Tonart a-Moll fest. Der nächste Klang kann dieser Tonart schon nicht mehr angehören. Bei der Suche nach der Tonart, in der er enthalten sein kann, muss man von der *Schreibweise* der Töne absehen. Die harmonische Einordnung des vierten Klangs ist nicht davon abhängig, ob ein Ton als cis oder als des geschrieben wird, sondern davon, wie er klingt. Der vierte Klang kann in fünf Tonarten vorkommen: H-Dur, d-Moll, f-Moll, gis-Moll, h-Moll. Die nächsten Verwandten sind d-Moll und f-Moll. Sie stimmen in vier Tönen mit a-Moll überein, die anderen drei Tonarten nur in drei Tönen. Die beiden nächsten Verwandten stehen jetzt in unentschiedener harmonischer Konkurrenz zueinander. Der vierte Klang hat zwar die Tonart a-Moll verlassen und diese Tonart außer Kraft gesetzt, aber er kann sich noch nicht als eindeutiger Vertreter einer neuen Tonart präsentieren. Erst der nächste Klang bewirkt eine tonale Bestimmtheit, weil er in d-Moll nicht vorkommen kann. Er erklingt also als Dominante in f-Moll. Der Übergang in diese Tonart erfolgt durch zwei Klänge, von denen der erste die bisherige Tonart außer Kraft setzt, während der zweite eine neue Tonart in Kraft setzt.

Betrachten wir noch ein letztes Beispiel:

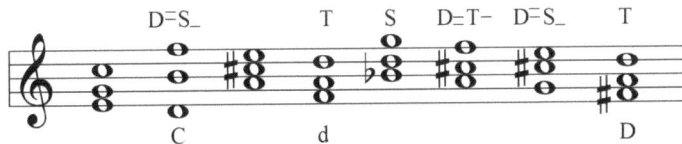

Modulation von C-Dur nach d-Moll und von d-Moll nach D-Dur

Hier werden mit den beiden ersten Klängen Töne präsentiert, die nur in C-Dur vorkommen können. Mit dem dritten Klang wird C-Dur verlassen, aber keine Eindeutigkeit bezüglich der neuen Tonart erreicht. Die nächsten Verwandten, die den Klang enthalten können, sind D-Dur und d-Moll. Sie haben jeweils fünf gemeinsame Töne mit C-Dur. Erst der vierte Klang präsentiert Töne, die zwar in d-Moll, aber nicht in D-Dur vorkommen. Damit ist der Übergang nach d-Moll vollzogen.

Nach ein paar Dissonanzen erfolgt dann ein Übergang nach D-Dur. Dieser Übergang hat eine erwähnenswerte Besonderheit, die nicht nur am Ende von Musikstücken vorkommt. Er ist ein Beispiel für eine *modulierende Tonika* in der typischen Gestalt einer *Scheinauflösung*: Die letzten Dissonanzen in d-Moll sind auflösungsbedürftig; die Auflösung entfällt aber infolge einer Modulation. Der modulierende Klang ist eine Tonika, also nicht auflösungsbedürftig. Es entsteht dadurch der *Anschein*, als ob die Tonika die vorangehenden Dissonanzen auflösen würde. Dieser Anschein hat zu vielen wissenschaftlichen Fehlschlüssen geführt. Bezogen auf dieses Beispiel, besteht der erste Fehlschluss darin, dass die letzten Dissonanzen der Tonart D-Dur zuzurechnen wären. Die irrtümliche Vorstellung, dass diese Dissonanzen von einer D-Dur-Tonika aufgelöst werden würden, wird verlängert in ihre Einordnung als D-Dur-Dissonanzen. Der zweite Fehlschluss folgt auf dem Fuß: Dann habe die Tonart D-Dur also mehr als sieben Töne. Und der dritte Fehlschluss: Überhaupt habe jede Tonart mehr als sieben Töne. Auf diesen Irrtümern bauen seit Jahrhunderten unzählige verkehrte Theorien auf. Deren Auswirkungen zeigen sich auch im folgenden Wikipedia-Eintrag zum Begriff der Tonart:

„Tonarten haben keine scharfen Begrenzungen. Man könnte also nicht exakt sagen, welche Töne zu einer Tonart gehören und welche nicht. Es ist der harmonische und besonders der melodische Zusammenhang, welcher den Ausschlag gibt. Dies gilt besonders dann, wenn keine Festlegung durch eine Notenschrift vorliegt und man nach dem Gehör entscheiden muss.

Obwohl sich Tonarten durch den Gebrauch ihrer Tonleitern deutlich hervorheben, tauchen in jedem anspruchsvolleren Stück auch gehäuft Töne außerhalb der Tonleitern auf, ohne dass man bereits von einem Tonartwechsel sprechen würde." [8]

Wer behauptet, darüber Bescheid zu wissen, wann *„man bereits von einem Tonartwechsel sprechen"* kann und wann nicht, der muss auch sagen können, woran er einen Tonartwechsel erkennt. Und wie soll das gehen, wenn die Tonarten *„keine scharfen Begrenzungen"* haben? Wenn man den Begriff der Tonart verwässert, verwickelt man sich notwendigerweise in Widersprüche.

Den Geltungsbereich einer Tonart kann man präzise angeben; denn eine Tonart hat einen exakt bestimmbaren Tonbestand, und die Modulation beruht auf einem Vergleich der tonartlichen Tonbestände. Der Wechsel der Tonart findet statt, wenn Klänge auftreten, die im Tonbestand der bisherigen Tonart nicht vorkommen und andererseits mit einer Tonart kompatibel sind, die sich durch eine exklusive harmonische Nähe zur verlassenen Tonart auszeichnet. Dies ist das Gesetz der Modulation. Gefunden wurde es und überprüfbar ist es durch Experimente in reiner Stimmung.

---

[8] Wikipedia, Thema: Tonart (1.1.2023).

II. Rhythmik

4. Takt

Die harmonischen Beziehungen innerhalb einer Tonart und im Verhältnis der Tonarten zueinander entfalten sich notwendigerweise in einer Abfolge von Konsonanzen und Dissonanzen. Die einfachste Form dieser Bewegung besteht in einer *gleichmäßigen* Harmoniefolge. Der Wechsel der Harmonien erfolgt in gleichen Zeitabständen. Die Harmonien haben dadurch die Form von *Takten*. Wir notieren dann an der Stelle, an der die Harmonien wechseln, einen Taktstrich. Denn die Taktstriche teilen dem Musiker mit, dass der zwischen ihnen erklingende Inhalt von gleicher Dauer ist. Unter Beachtung der rhythmischen Form der Harmoniebewegung sollte das letzte Notenbeispiel so notiert werden:

Gleichmäßige Harmoniefolge

Der Takt ist also die Klangdauer einer Harmonie unter der Voraussetzung, dass die Harmonien gleichmäßig aufeinanderfolgen. Der Takt entsteht überhaupt nur durch diese gleichmäßige Bewegung. Und da der Harmoniewechsel gewöhnlich am Taktstrich stattfindet, wird dies beim Musikhören auch entsprechend erwartet:

„Das Ohr aber ist gewöhnt, den Schritt über den Taktstrich als Wechsel der Harmonie aufzufassen ...".[9]

Der Zeitpunkt, zu dem der nächste Harmoniewechsel zu erwarten ist, steht schon nach wenigen Takten fest. Das Gleichmaß der Harmoniebewegung definiert so die „Klangräume", in denen die nachfolgenden Harmonien ihren Platz finden. Die Form der Harmoniebewegung erzeugt demgemäß ein rhythmisches Muster, an dem sich die Harmoniebewegung zu orientieren scheint. Es sieht dann so aus, als ob die Takte den Harmonien von vornherein als leere Zeiteinheiten vorgegeben wären, die durch die Harmonien ausgefüllt werden. Man übersieht dann, dass der Takt gar nicht anders zustande kommt als durch den rhythmischen Harmoniewechsel; man übersieht, dass der Takt nur die Form ist, die sein harmonischer Inhalt annimmt.

---

[9] Johannes Schreyer, *Lehrbuch der Harmonie und der Elementarkomposition*, Leipzig 1924, S. 42.

In der volkstümlichen Vorstellung vom Takt als einer Gruppierung von bestimmten Zeiteinheiten, die durch Notenwerte definiert sind, erscheint die konstante Klangdauer der Harmonien als Folge ihrer Einbettung in vorgegebene Takte, also letztlich bloß als eine Frage der bequemen Schreibweise. In dieser Hinsicht folgt jedoch die Notationsweise ganz den Eigentümlichkeiten der realen Musik. Auch historisch ist der Taktstrich erst in der Zeit entstanden, in der die Musik vom Kopf auf die Füße gestellt wurde: vom melodischen Kopf auf die harmonischen Füße.

„Taktrhythmik und harmonische Tonalität begannen sich" damals *„zu konsolidieren – wie es scheint, in wechselseitiger Abhängigkeit voneinander. "* [10]

Dass der Harmoniewechsel „gewöhnlich" am Taktstrich stattfindet, bedeutet auch, dass es davon Ausnahmen geben kann. Die erste Ausnahme kann so aussehen:

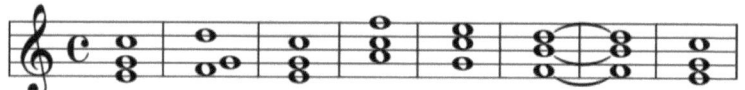

Stagnierende Harmoniebewegung [11]

Der Harmoniewechsel kann auch *unterbleiben*, ohne die Harmonien aus dem Takt zu bringen. Die vorletzte Harmonie erstreckt sich in diesem Beispiel über zwei Takte. Taktlänge und Klangdauer der Harmonie treten hier auseinander. In diesem Fall wird die harmonische Spannung hinausgezögert. Auf die gleiche Weise kann aber auch eine harmonische Entspannung in die Länge gezogen werden. Wo die harmonische Bewegung stagniert, wird die Harmonie zu einem *passiven* Taktinhalt, der den Takt zwar nicht stört, aber auch keinen *aktiven* Beitrag zur Taktbildung leistet.

Die zweite Ausnahme besteht darin, dass der Harmoniewechsel *im Taktinnern* stattfindet:

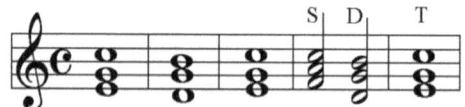

Harmoniewechsel im Takt

Die längeren Harmonien bestimmen hier den Schwung der Bewegung und etablieren ihre Klangdauer als Takt. Vereinzelte schnellere Harmoniewechsel sind dann am harmonischen Kontrast der aufeinanderfolgenden Taktphasen zu

---

[10] Carl Dalhaus und Hans Heinrich Eggebrecht (hg.), *Brockhaus Riemann Musiklexikon*, Band 4, Mainz 1998, S. 44.

[11] Harmoniefolge frei nach Johann Abraham Peter Schulz, *Der Mond ist aufgegangen* (1790).

erkennen. Im vierten Takt sind Subdominante und Dominante in klangliche Phasen aufgeteilt. Sie erscheinen damit *nicht* als Bestandteile einer Dissonanz, die aus Subdominante und Dominante zusammengesetzt ist und den ganzen Takt ausfüllt. Mit den verkürzten Harmonien verhält es sich ähnlich wie mit den verlängerten: Sie haben zwar Anteil am entstandenen Takt, tragen jedoch nicht zu seiner Entstehung bei. Die Abweichungen vom Gleichmaß der harmonischen Bewegung bedingen also den Unterschied zwischen Harmonien, die *aktiv* an der Definition und Stabilität des Taktes mitwirken, und solchen, die *passiv* dem Regiment des Taktes unterworfen sind.

In der bisherigen Darstellung der Harmonien und also auch der Taktinhalte wurde eine vereinfachte Schreibweise gewählt, die nicht berücksichtigt hat, dass die Bestandteile einer Harmonie auch *nacheinander* im Takt erklingen können, wie zum Beispiel im Gitarren-Part dieses Songs von Led Zeppelin:

Zerlegte Harmonien [12]

Der vorletzte Takt in diesem Beispiel enthält den Dominantseptakkord in G-Dur. Im letzten Takt erscheint zunächst die Subdominante von C-Dur und dann die Dominante von a-Moll. Der Kontrast der Harmonien, der einen Harmoniewechsel innerhalb des Taktes anzeigt, macht sich also auch dann bemerkbar, wenn die Bestandteile der Harmonien sukzessiv in Erscheinung treten. Soweit der Takt mit der Klangdauer der Harmonie zusammenfällt, ist er der Zeitraum, in dem die Bestandteile der Harmonie in Erscheinung treten. Die Harmonie ist dann in diesem Sinne Taktinhalt, also das, was im Rahmen und im Verlauf des Taktes erklingt. Das Zusammenklingen der Töne in einer Harmonie ist gleichbedeutend mit der Koexistenz der Töne im selben Takt oder – bei schnellerem Harmoniewechsel – im selben Taktteil.

Da sich die Töne der Harmonien meist nacheinander im Takt präsentieren, steht in der Regel erst am Taktende fest, welche Harmonie erklungen ist. Wenn die betreffende Harmonie in eine andere Tonart wechselt, steht auch die Tonart frühestens dann fest, wenn die Harmonie erklungen ist, also gewöhnlich am Taktende. Im dritten Takt des folgenden Beispiels treten nacheinander zwei neue Töne auf, die anzeigen, dass die vorangegangene Tonart (C-Dur) verlassen wird. Welcher Tonart die Harmonie angehört, zeigt sich auch hier erst am Taktende:

---

[12] Anne Bredon, Jimmy Page und Robert Plant, *Babe I'm Gonna Leave You* (1969).

Modulation von C-Dur nach g-Moll

Der zweite Ton im dritten Takt, der Ton fis, zeigt erstens, dass die Tonart C-Dur außer Kraft gesetzt ist. Zweitens deutet sich an dieser Stelle eine Modulation nach G-Dur an; denn von allen Tonarten, in denen die Töne d und fis (bzw. ges) vorkommen, ist G-Dur am nächsten verwandt mit C-Dur. Auch die beiden folgenden Töne (a und c) stören diesen vorläufigen Eindruck nicht. Erst mit dem Ton es wird deutlich, dass G-Dur nicht in Frage kommt. Es zeigt sich damit eine Modulation nach g-Moll; denn nur in dieser Tonart kommen die Töne d, fis, a, c und es vor. Da auch der letzte Ton im dritten Takt zur Tonart g-Moll gehört, steht nun endgültig fest, dass dies die neue Tonart ist. Es finden in diesem Takt aber *nicht zwei* Modulationen statt (nach G-Dur und dann nach g-Moll), sondern nur *ein* Übergang nach g-Moll; denn dieser Takt enthält keinen internen Harmoniewechsel.

Zuletzt noch eine Bemerkung zum ersten Takt eines Musikstücks: Beginnt dieser mit einer Pause, so kann der Musikhörer die Taktlänge zunächst noch nicht erkennen. Es ist dann umgekehrt so, dass die nachfolgenden Harmonien durch ihre gleichmäßige Klangdauer im Nachhinein definieren, wie lang die Pause im ersten Takt war. Auf dem Notenblatt werden solche Pausen in der Regel notiert, wenn sie sich über einen kleineren Teil des Taktes erstrecken. Ansonsten wird ein verkürzter Anfangstakt auch ohne Pausenzeichen leicht auf dem Notenblatt gesehen und heißt dann Auftakt. Hier als Beispiel ein Gitarren-Part von den Rolling Stones:

Auftakt [13]

Der *tatsächliche* Takt, wie er in diesem Kapitel dargestellt wurde, muss übrigens nicht immer mit dem *geschriebenen* Takt zusammenfallen. Man kann auch die Ausnahmen in der harmonischen Bewegung zur Regel erheben, besonders wenn sie häufiger vorkommen. Oder man kann auch durchgängig zwei Harmonien in einen Takt packen. Für die Lesbarkeit der Musik ist nur wichtig, dass der geschriebene Takt mit dem tatsächlichen kompatibel ist.

---

[13] Mick Jagger, Keith Richards und Andrew Loog Oldham, *As Tears Go By* (1966).

5. Metrik

Das letzte Kapitel hat das rhythmische Verhältnis der Harmonien zueinander gezeigt, durch das sie zu Taktinhalten werden. Dabei waren die Töne als Bestandteile der Harmonien, also nach ihrer harmonischen Seite zu betrachten. Jetzt geht es um das rhythmische Verhältnis der Töne, also um ihr Auftreten als Bestandteile des Taktes. Als solche verkörpern die Töne Taktsegmente, die auf einer gleichmäßigen Unterteilung des Taktes beruhen. Der Takt ist also Ausgangspunkt einer gleichmäßigen und stufenweise fortlaufenden Einteilung seiner Klangdauer in Segmente. Es ergibt sich dadurch eine hierarchische Gliederung von Taktsegmenten. Auf jeder Stufe erfolgt die Teilung entweder als Halbierung oder als Dreiteilung – in der Sprache der Musiker: als gerade oder ungerade Teilung.

Das folgende Beispiel zeigt eine fortlaufend gerade Taktteilung:

Fortlaufend gerade Teilung [14]

Man sieht an diesem Takt eine fortlaufende Einteilung des Takts in Hälften, Viertel, Achtel und Sechzehntel. Die Aufteilung ist auch am Notenbild ersichtlich, z.B. durch die Gruppierung der Sechzehntel-Noten: Eine Gruppe von vier Sechzehntelnoten verkörpert ein Viertel des Taktes. Die halben Noten im Bass verkörpern Takthälften. Man darf übrigens die halbe Note nicht mit der Takthälfte verwechseln. Die ganze Note ist unabhängig vom Takt definiert. Der halbe Takt muss nicht notwendig die Länge einer halben Note haben. Der Unterschied zwischen Teilung des Takts und Teilung der ganzen Note ist vor allem bei der *ungeraden* Taktteilung unübersehbar; denn die Töne, die entsprechende Segmente verkörpern, werden durch Viertel-Noten, Achtel-Noten usw. dargestellt, also durch Notenwerte, die auf *geraden* Teilungen beruhen.

---

[14] Johann Sebastian Bach, *Präludium* (BWV 846), Takt 18.

Das folgende Beispiel zeigt eine fortlaufende Dreiteilung von Takt und Taktdritteln:

Fortlaufend ungerade Teilung [15]

Die Taktstruktur wird hier durch die Zusammenfassung von Achtelnoten verdeutlicht, die jeweils Neuntel des Taktes verkörpern. Die punktierte Viertel-Note verkörpert ein Drittel des Taktes.

Die Zerlegung des Taktes in vier, acht, sechzehn oder auch neun Teile resultiert immer in einer eindeutigen Hierarchie der Teilungsstufen, so dass mit der untersten Teilungsstufe auch gleich die gesamte Gliederung des Taktes feststeht. Der neunte Teil eines Takts kann nur durch fortlaufend *ungerade*, der sechzehnte Teil nur durch fortlaufend *gerade* Teilung zustande gekommen sein. Anders verhält es sich mit Gliederungen des Taktes, in denen gerade und ungerade Teilung kombiniert sind, wie dies bei folgenden Takten der Fall ist:

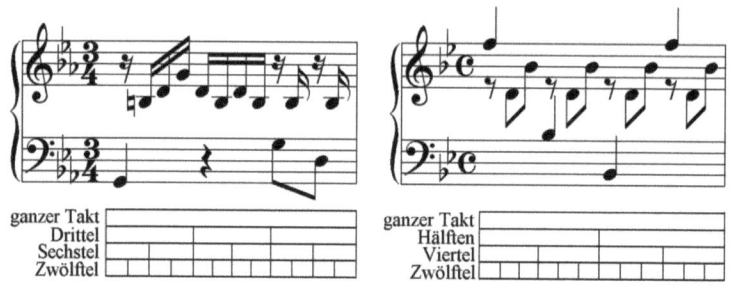

Verschiedene Formen der Teilung durch zwölf [16]

Im linken Beispiel repräsentieren die Viertel-Noten Takt-Drittel, im rechten Beispiel Takt-Viertel. An diesem Unterschied zeigt sich schlagend, dass der eine Takt vorrangig ungerade, der andere vorrangig gerade geteilt ist. Dass die Taktstruktur auch noch durch die Art der Zusammenfassung von Sechzehntel-

---

[15] Johann Sebastian Bach, *Präludium* (BWV 876), Takt 1.
[16] Johann Sebastian Bach, *Präludium* (BWV 999), Takt 37 und *Gigue* (BWV 825), Takt 1.

oder Achtel-Noten verdeutlicht wird, ist dann sozusagen nur noch schmückendes Beiwerk. Der Unterschied in der Taktgliederung ist hörbar und hat darin Objektivität. Er hängt davon ab, *was* notiert wird, nicht *wie* es notiert wird.

Wenn der Takt stufenweise in Segmente geteilt wird, gibt es immer Töne, die ganz unmittelbar solche Segmente auf der einen oder anderen Stufe verkörpern. Die Töne können aber auch mehrere Segmente in sich vereinigen. Im folgenden Beispiel repräsentiert die punktierte Viertelnote nicht ein einzelnes Taktsegment, sondern drei Zwölftel des Takts.

Verschmelzung von drei Zwölfteln des Taktes [17]

Aufgrund der Taktgliederung verkörpern die Töne also entweder einzelne Taktsegmente einer bestimmten Teilungsstufe oder eine Verbindung von Taktsegmenten. Ein Ton von der letzteren Art leistet keinen *aktiven* Beitrag zur Taktgliederung, sondern setzt diese als gegeben voraus. Er ist ein *passiver* Bestandteil des Takts. Er beteiligt sich nicht an der Zerlegung des Taktes, sondern konterkariert die Trennung der Teile, indem er sie in seiner Klangdauer miteinander verschmilzt. Töne, in denen Taktsegmente verschmolzen sind, werden oft in der ganz unscheinbaren Form von einfachen Noten dargestellt, deren Längen im Verhältnis zur ganzen Note definiert sind. So auch hier:

Verschmelzung von zwei Dritteln des Taktes [18]

Andererseits gibt es auch eine Notationsweise von Tönen, durch die sofort auffällt, dass diese Töne etwas Zusammengesetztes sind: Das ist dann der Fall, wenn ein einzelner Ton durch mehrere Noten dargestellt wird. Diese Noten

---

[17] Johann Sebastian Bach, *Präludium* (BWV 853), Takt 1.

[18] Johann Sebastian Bach, *Weihnachtsoratorium* (BWV 248), Nr. 36: Fallt mit Danken.

werden dann durch Haltebögen miteinander verbunden, um die Klangeinheit des Tons kenntlich zu machen. Oft wird der Haltebogen benutzt, um dem Spieler die Taktstruktur zu verdeutlichen. Oft findet sich aber auch keine andere Schreibweise für einen Ton. Das ist auch im folgenden Beispiel der Fall:

Verschmelzung von fünf Sechzehnteln des Taktes [19]

Infolge ihrer Stellung im Takt und in der Hierarchie der Teilungsstufen haben die Töne einen unterschiedlichen rhythmischen „Wert". In diesem Beispiel haben die halben Noten ein höheres Gewicht als die Achtelnoten am Ende des Takts. Der rhythmische Wert der Töne wird gewöhnlich *Betonung* genannt und soll jetzt näher untersucht werden.

Zunächst aber noch ein paar Worte zur Vermeidung von Missverständnissen: Betonung meint in diesem Zusammenhang keine größere Lautstärke einzelner Töne, keine Vortragsmanier, sondern den wahrnehmbaren rhythmischen „Wert" eines Tons. Man kann die Betonung eines Tons durch größere Lautstärke verdeutlichen, aber nicht erzeugen. In der Musik macht man von solchen Demonstrationen der Rhythmik eher nicht Gebrauch, weil sie gewollt wirken. Manche Instrumente, wie etwa die Orgel, ermöglichen ohnehin kaum eine Beeinflussung der Lautstärke. Die Betonung ist also einfach eine Eigenschaft des Tons, die er durch seine Position im Takt hat.

Um die Betonungsordnung (auch: metrische Struktur) im Takt zu erläutern, wird gewöhnlich für den Viervierteltakt das folgende Betonungsmuster angegeben: schwer – leicht – halbschwer – leicht. Im Zusammenhang mit den Teilungsstufen des Takts könnte man dies so veranschaulichen:

Betonungsordnung im Viervierteltakt

---

[19] Johann Sebastian Bach, *Präludium* (BWV 552), Takt 1.

Der rhythmische Wert der Töne ist hier durch kleine Rauten angezeigt. Der höhere Wert entspricht der stärkeren Betonung. Die Betonung ist da am stärksten, wo der Takt beginnt. Danach folgt, bei gerader Teilung, die Betonung für den Ton, der an der Takt-Mitte anklingt, usw. Man bezeichnet die Stellen, an denen die Segmente aneinandergrenzen, oft als „Schläge" – in Anlehnung an das „Taktschlagen", mit dem die Übergänge zwischen den Segmenten markiert werden. Die Schläge sind umso stärker, je größer die Segmente sind, die aneinandergrenzen. Und die Betonung der Töne folgt der Stärke der Schläge. Wird der Takt stärker unterteilt, steigt auch das Betonungsgefälle zwischen den Tönen:

Betonungsordnung bei fortlaufend gerader Teilung [20]

Die Betonungsordnung ist also aus der Teilungsstruktur des Taktes abgeleitet. Sie gilt zunächst für jeden Ton der untersten Teilungsstufe, wirkt sich aber auch auf die längeren Töne aus: Der durch die halbe Note dargestellte Ton im obigen Beispiel hat die gleiche Betonung, die auch ein gleichzeitig beginnender kürzerer Ton hätte. Dass jener längere Ton auch über untergeordnete Segmente hinwegklingt, ist für seinen rhythmischen Wert unschädlich. Eine andere Sache ist es, wenn ein Ton über höherrangige Segmentgrenzen hinwegklingt, wie etwa der Ton d im Bass des letzten Beispiels oder der Ton a bei dem folgenden Song von den Beatles. Diese Sache heißt *Synkope*.

Rocky Raccoon checked into his room

Zwei Synkopen (im Kreis) [21]

[20] Johann Sebastian Bach, *Präludium* (BWV 846), Takt 18.
[21] John Lennon und Paul McCartney, *Rocky Raccoon* (1968).

Bei einer Synkope fällt der stärkere Schlag auf den bereits klingenden Ton. Ein solcher Ton zeigt seine Betonung nicht schon bei seinem Anklingen, sondern erst dann, wenn er über den stärkeren Schlag hinwegklingt. Da die Betonung aber eine Qualität ist, die dem Ton *insgesamt* zukommt, bezieht die Wahrnehmung den Beginn dieser Betonung auf den Zeitpunkt zurück, an dem der Ton beginnt. Die Betonung erscheint daher in der Wahrnehmung *zurückversetzt* auf einen Moment, in dem sie noch gar nicht bemerkt worden sein kann.

Die Synkope ist also ein Ton, dessen Betonung *verschoben* erscheint. Im obigen Beispiel von den Beatles treten die Synkopen schon während des letzten Viertels im Takt mit einer Betonung auf, die eigentlich erst aus dem Übergang in den nächsten Takt hervorgeht. Solche Synkopen, die über den Taktstrich hinweg klingen, sind besonders effektvoll, weil dabei das Betonungsgefälle zwischen den aneinandergrenzenden Segmenten am größten ist.

Die Betonung von Tönen, in denen Taktsegmente verschmolzen sind, wird also durch den stärksten Schlag bestimmt, der auf den Ton „trifft". Das gilt nicht nur für die Synkope, aber bei der Synkope springt es den Hörer an, weil er den Beginn eines entsprechend betonten Tons an späterer Stelle erwartet. Der Ausdruck „Schlag" ist – um dies noch einmal zu betonen – nur ein Bild für die Segmentgrenze einer bestimmten Teilungsstufe des Takts.

Die Betonungsordnung, auf der auch die Synkopen beruhen, ist die Grundlage dafür, dass der Rhythmus sich auch gegen seine musikalische Grundlage verselbständigen kann. Man sieht das zum Beispiel an der modernen Entwicklung und Handhabung von Schlaginstrumenten. Diese dienen zunächst der Unterstreichung der Taktstruktur, leisten jedoch als ausgefeilte Schlagzeuge zunehmend auch einen eigenen Beitrag zur Konstitution der Taktgliederung. Schließlich setzen sie ihr Werk fort, während die anderen Instrumente pausieren, und bewerkstelligen damit eine Loslösung des Taktes von seiner harmonischen Basis. Ein Schlagzeugsolo präsentiert Schlagfolgen, denen sozusagen abstrakte Takte zugrunde liegen, also gleichmäßig abfolgende und hierarchisch gegliederte Zeiteinheiten, die auch ohne harmonischen Inhalt und daher ohne den markierenden Harmoniewechsel als solche wahrgenommen werden können. Das folgende Beispiel zeigt eine populäre Schlagfolge, bei der der neunte Schlag wie eine Synkope wirkt. Der Grund dafür wird deutlich, wenn man die Positionen der Schläge in der Hierarchie einer Taktteilung betrachtet, die schon durch wenige Schläge in Gang gesetzt wird:

Populäre Schlagfolge

40

Es zeigt sich hier, dass dem an *unbetonter* Stelle platzierten neunten Schlag (in der Abbildung eingekreist) eine Pause an *betonter* Stelle nachfolgt, deren Gewicht auf jenen neunten Schlag vorgezogen erscheint.

Trommel-Solos, z.B. in Gesangspausen, gab es auch schon vor der Entstehung der Taktrhythmik, also bereits in der modalen Musik. Diese Rhythmen, die bis vor Kurzem noch von Musikethnologen in Reservaten der modalen Musik dokumentiert werden konnten, hatten nicht nur ihren Ursprung in religiösen Versen, sondern wurden auch mit Hilfe von passenden Merksätzen eingeübt. Eine hierarchische Gliederung vorgegebener Zeiteinheiten war nicht nur unbekannt, sondern auch unvereinbar mit der Anzahl der Silben eines Verses, sobald es sich dabei um eine Primzahl wie 11, 13, 17, oder 19 handelte. Vom Standpunkt der tonalen Musik erscheinen diese Rhythmen „irrational" und werden heute zuweilen auch so bezeichnet. Bei diesen Rhythmen wurde nicht ein Takt in Segmente zerlegt, sondern umgekehrt eine Anzahl von Elementen zu einer Gruppe zusammengefügt.[22]

In Fortführung einer mittelalterlichen Tradition und genarrt durch die Notationsweise wird auch der Takt vielfach noch immer als Gruppe vorgegebener Elemente aufgefasst, also nicht als Ausgangspunkt seiner Unterteilung, sondern als Ergebnis einer Addition. Man sieht es den meisten Definitionen des Taktes an, dass sie den real existierenden Takt nicht von seiner Schreibweise unterscheiden können. Dass mit der vorangestellten Kennzeichnung der Taktart und mit der Anordnung der Noten zwischen den Taktstrichen der Sache nach ein stufenweise unterteilter Takt fixiert wird, scheint nicht sehr bekannt zu sein. Eher findet man den Takt umgekehrt als Produkt einer Unterteilung gefasst, deren Ausgangspunkt gleich das ganze Musikstück sein soll:

„Der Takt (...) ist in der Musik eine zeitliche Gruppierung der Noten eines Musikstückes (...). Ein Stück wird also durch die Takte gegliedert." [23]

Auch das Wissen um die Betonungsordnung bringt populäre Musiktheoretiker nicht zu der Einsicht, dass diese aus einer Teilung des Taktes abgeleitet ist. Umgekehrt herrscht die Meinung vor, die Gewichtung der Töne sei so etwas wie eine Verfahrensweise, mit der vorgegebene Zählzeiten zu „übergeordneten Einheiten" zusammengefasst werden könnten:

„Der Takt schließt Zählzeiten oder Schläge (...) zu übergeordneten Einheiten zusammen, indem er gleich lange Maßwerte (...) unterschiedlich gewichtet oder akzentuiert (...)." [24]

---

[22] Näheres dazu in: Franz Sauter, *Die Musikwissenschaft in Forschung und Lehre*, Norderstedt 2010, S. 181 bis 209, insbesondere die Bemerkungen zur Rhythmik der modalen Musik am Beispiel der indischen Gana-s (S. 196 f.) und des arabischen wazn (S. 205 f.).

[23] Wikipedia, Thema: Takt (1.1.2023).

[24] Gerhard Kwiatkowski u. a. (hg.), *Meyers kleines Lexikon Musik*, Mannheim u. a. 1986, S. 382.

Im folgenden Zitat wird unter der Bezeichnung „Taktbegriff" nicht ausgesagt, was der Takt tatsächlich ist, sondern, wie er angezeigt oder aufgeschrieben wird:

Der Taktbegriff „*umfasst zwei Bestimmungsmerkmale: Die Schlagart (→ Dirigieren) und die Gruppierung von Notenwerten zu einer Einheit ...*" [25]

Der Begriff des Taktes – nämlich als den Harmonien anhaftender Reflex ihrer gleichmäßigen Abfolge und als Ausgangspunkt seiner Unterteilung – ist also weitgehend unbekannt. Er wird durch eine begriffslose Beschreibung der Notationsweise ersetzt, die eine objektive Bestimmung bloß fingiert.

Kommen wir zurück zur Analyse der realen Musik.

Die Betonung der Töne bestimmt deren Gewicht als harmonische Komponenten. Die Betonungen wirken deshalb zurück auf die Ausprägung der Harmonien, wie man an den folgenden Takten sieht. Diese enthalten zwei Dissonanzen der Tonart e-Moll. Wenn man aber nur die Töne betrachtet, die in ihrer Betonung die Dreiteilung des Taktes markieren, dann zeigt sich eine Abfolge von Subdominante und Dominante als Kern der harmonischen Bewegung. Die unbetonten harmonischen Komponenten sind sozusagen Nebentöne, die den eigentlichen Harmonien etwas Farbe verleihen.

Harmonien: T≡S≡   T≡D≡S≡
betonte Harmonien: S   D
Haupt- und Nebentöne der Harmonien [26]

Die Gewichtung der Töne im Takt kann zwar auch noch durch andere Eigenschaften der Töne bedingt sein – Tonlage, Tondauer, Häufigkeit im Takt, Lautstärke –, aber von solchen Effekten kann die überragende Wirkung der Betonungsordnung allenfalls abgeschwächt oder verstärkt werden.

Die Scheidung von Haupt- und Nebentönen, welche durch die Darbietungsweise des Taktinhalts zustande kommt, eröffnet neue Freiräume der Harmoniebewegung: Takte, in denen die gleichen Töne vorkommen – oft sogar der komplette Tonbestand einer Tonart –, können dennoch als unterscheidbare

[25] Carl Dahlhaus und Hans Heinrich Eggebrecht (hg.), *Brockhaus Riemann Musiklexikon*, Band 4, Mainz 1998, S. 224.
[26] Johann Sebastian Bach, *Präludium* (BWV 879), Takt 1/2.

Harmonien aufeinanderfolgen. Die Harmonien können sich nämlich in der tonalen Charakteristik derjenigen Klangteile unterscheiden, auf denen das Hauptgewicht im Takt liegt.

Von den Nebentönen im eben genannten Sinne muss man „Zwischentöne" unterscheiden, die eigentlich gar keine eigenständigen Töne sind. Bei Instrumenten, auf denen die Tonhöhen der Töne fest vorgegeben sind, bieten die Zwischentöne einen Ersatz für einen gleitenden Übergang zwischen zwei Tönen. Sie kommen auch in Trillern und anderen Auszierungsformen eines Tons vor. Da die Zwischentöne wegen ihrer flüchtigen Erscheinung kaum als Töne wahrnehmbar sind, fallen sie – im Unterschied zu den Nebentönen – harmonisch überhaupt nicht ins Gewicht. Die Zwischentöne müssen nicht einmal der im Takt präsentierten Tonart angehören. „Tonartfremde Töne" – selbstredend im Geltungsbereich einer Tonart – gibt es also nur in diesem Sonderfall, in dem von eigentlichen „Tönen" gar nicht gesprochen werden kann; ansonsten wären sie eine Absurdität. Konsequenterweise werden Zwischentöne in der Notenschrift auch nicht als eigenständige Töne dargestellt.

Die Analyse der Taktrhythmik zeigt den Ton von einer neuen Seite: Zunächst erschien der Ton nur als ein Element der Harmonien und der Tonarten. Indem er die Taktgrenzen überschreitet, befreit er sich aus der Enge seiner harmonischen Verbindung und beginnt ein eigenes Spiel. Der Ton kann, während er erklingt, seine Zugehörigkeit zu einer Harmonie und sogar zu einer Tonart wechseln:

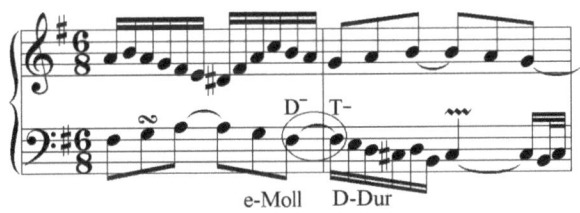

Harmonische Metamorphose eines Tons [27]

Der Ton fis, der hier im Bass über den Taktstrich hinweg gebunden ist, macht eine kleine Verwandlung durch: Am Taktstrich findet nämlich eine Modulation von e-Moll nach D-Dur statt. Das erkennt man leicht daran, dass beide Takte jeweils den kompletten Tonbestand ihrer Tonart enthalten. Das fis klingt als dominantische Quinte in e-Moll an, wechselt dann seine harmonische Identität und verklingt als tonische Terz in D-Dur.

Bei dieser Operation ist die temperierte Stimmung prinzipiell von Vorteil, weil sie gewährleistet, dass bei einem solchen Übergang kein Ton während

---

[27] Johann Sebastian Bach, *Variatio 27* (BWV 988), Takt 14/15.

seiner Klangdauer umgestimmt werden muss. Der Ton muss auch beim Wechsel der Tonart auf konstanter Tonhöhe weiterklingen können. Insofern ist der Ton in diesem Kontext anders bestimmt als vom Standpunkt der Konsonanz und Tonalität. Und dies auch noch in einer weiteren Hinsicht. Denn für die Bestimmung einer Harmonie ist es gleichgültig, in welcher Lage ein Ton erklingt; ob also der Ton a mit 440 Hz oder mit 880 Hz erklingt. Bei der Verschmelzung von Taktsegmenten ist der Ton jedoch eindeutig durch seine Tonhöhe bestimmt. Die Verwandlung der Harmonien in Takte hat auch den Ton verwandelt. Seine Identität liegt nun ganz und gar in der Tonhöhe, in der er erklingt. In dieser verwandelten Form ist der Ton Ausgangspunkt der Melodik.

III. Melodik

6. Tonstufen

Die Tonhöhe ist das Kriterium, nach dem die Töne der Melodie aufeinander bezogen sind. In der Melodie sind die Töne nacheinander aufgereiht, und die Übergänge von Ton zu Ton sind als *Intervalle* bestimmt. Den Intervallen wiederum liegt eine Tonleiter zugrunde, in der die Töne der Tonart nicht nach ihrer harmonischen Bestimmung, sondern nach ihrer Tonhöhe geordnet sind. Tonika, Dominante und Subdominante erscheinen bunt durcheinander gewürfelt und sind kaum noch als das zu erkennen, was sie in der Kadenz leicht ersichtlich darstellen. Die Melodie bewegt sich also auf den Stufen einer *Tonleiter*.

Tonleitern in Dur und Moll

Die sieben Töne der Tonart erscheinen in der Tonleiter durch einen achten Ton ergänzt: Der Grundton der Tonart erscheint am Ende noch einmal, nur eine Oktave höher. Ein erster Grund dieser Konvention liegt in genau den harmonischen Bestimmungen der Töne, die hinter ihrer melodischen Anordnung versteckt sind: Wenn die Töne nacheinander gesungen oder gespielt werden, baut sich eine Spannung zwischen den Tönen der Dominante und der Subdominante auf, die nach einer Auflösung in die Tonika verlangt.

Ein zweiter Grund für die achtstufige Tonleiter liegt darin, dass sie eine vollständige Darstellung der *Stufenabstände* ermöglicht. Der harmonische Unterschied von Dur- und Molltonarten erscheint in den Tonleitern nämlich als spezifische Reihenfolge unterschiedlicher Abstände zwischen aufeinanderfolgenden Tonstufen. Diesen Abständen entsprechen in der reinen Stimmung vier verschiedene Frequenzverhältnisse. Sie ergeben sich aus Quinten (3:2) und Terzen (5:4 oder 6:5), die sich zur Septime oder None ergänzen und mittels Oktave (2:1) umgekehrt bzw. verkürzt sind:

Halbton:	16:15	$= 2{:}3 \cdot 4{:}5 \cdot 2{:}1$
Großer Ganzton:	9:8	$= 3{:}2 \cdot 3{:}2 \cdot 1{:}2$
Kleiner Ganzton:	10:9	$= 2{:}3 \cdot 5{:}6 \cdot 2{:}1$
Anderthalbton:	75:64	$= 5{:}4 \cdot 3{:}2 \cdot 5{:}4 \cdot 1{:}2$

Der große Ganzton ist nur um ein syntonisches Komma (81:80) größer als der kleine Ganzton. In der temperierten Stimmung ist dieser Unterschied getilgt. Der Anderthalbton existiert in der sogenannten harmonischen Molltonleiter. Die Freunde des „natürlichen Moll" mögen dieses Intervall offenbar nicht so gerne, dafür umso mehr den altertümlichen Ausdruck „diatonische Tonleiter", der auch auf ihr Konstrukt eines natürlichen Moll passen würde. Der Ausdruck, der aus einer Zeit stammt, in der man Dur und Moll noch nicht kannte, bezeichnet eine aus fünf Ganz- und zwei Halbtonschritten gebildete Tonleiter. In der harmonischen Musik hat sich jedoch die sogenannte harmonische Molltonleiter wegen der darin verwirklichten unverwechselbaren Tonalität durchgesetzt. Für die Melodien sind also nur die folgenden Tonleitern und Stufenabstände maßgeblich:

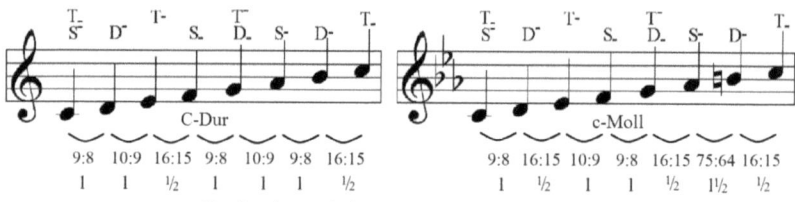

Stufenabstände in Dur- und Molltonleitern

Die angegebenen Frequenzverhältnisse in der reinen Stimmung sind nur als Erinnerung an ihre harmonische Grundlage interessant. Man kann diese Proportionen leicht errechnen, wenn man die oben angegebenen harmonischen Formeln der Töne beachtet. Für die musikalische Praxis und die Analyse der Melodik reicht die Unterscheidung von Halb-, Ganz- und Anderthalbtönen. Dafür stehen die Angaben in der unteren Reihe.

Die Abstände zwischen den Tönen sind also rein harmonisch definiert und der spezifischen Anordnung der Stufen vorausgesetzt. Beim Singen werden die Tonhöhen innerhalb einer Tonart aufgrund der harmonischen Intuition getroffen. Deshalb werden die Abstände zwischen den Tonstufen in der Praxis mit der größten Selbstverständlichkeit als gegeben vorausgesetzt.

Der in den Tonleitern schematisierte Tonhöhenvergleich definiert logischerweise nicht das, *was* verglichen wird, also keine Ton*höhen*, sondern Ton*stufen*. Die Tonhöhen sind schon mit den Tonbeständen der Tonarten vorgegeben, und zwar über alle hörbaren Oktavräume hinweg. Damit sind sie als Material einer nach oben und unten beliebig verlängerbaren Tonleiter verfügbar. Was die Tonstufen selbst kennzeichnet, wird durch Ordinalzahlen ausgedrückt: Vom tonischen Grundton aus gerechnet, gibt es eine erste, zweite, dritte usw. Stufe. Diese Kennzeichnungen beziehen sich dermaßen solide auf die vorausgesetzten harmonischen Tonverhältnisse, dass sie zur Beschreibung von Harmonien benutzt werden können. So kann die Subdominante genauso gut „Dreiklang der vierten Stufe" genannt werden, ohne dass es zu Missverständnissen kommt. Solche Konventionen haben durchaus eine praktische Berechtigung, sollten aber nicht zu dem theoretischen Fehlschluss verleiten, die Tonstufen seien tatsächlich den Harmonien logisch vorausgesetzt.

Aufgrund der Tonstufen verwandeln sich die harmonischen Beziehungen jetzt in Intervalle, deren Größe sich danach bemisst, wie viele Stufen sie umspannen. Entsprechend ist die Bedeutung der lateinischen Intervallbezeichnungen: Von einem beliebigen Ton aus liegt ein weiterer Ton

- als Prime   auf der *gleichen* Stufe,
- als Sekunde   auf der *nächsten* Stufe,
- als Terz   auf der *dritten* Stufe,
- als Quarte   auf der *vierten* Stufe,
- als Quinte   auf der *fünften* Stufe usw.

Man sieht nun die in melodischen Vorstellungen begründete Herkunft der Namen, die auch in die harmonische Terminologie Eingang gefunden haben. Im Übrigen liegen auch der Notenschrift die Stufenverhältnisse der Melodik zugrunde, so dass ein namentlich genannter, abstrakter Ton wie zum Beispiel der Ton a sehr konkret wird, sobald er auf der einen oder anderen Notenlinie notiert wird.

Die Unterschiede in den Stufenabständen – Halb-, Ganz- und Anderthalbton – schlagen sich auch an den Intervallen nieder. Auch diese sind klein oder groß, oder auch ‚übermäßig'. Der Intervallname für den Anderthalbton ist ‚übermäßige Sekunde'. Aber diese näheren Kennzeichnungen der Intervalle sind sekundär. Ihnen haftet noch die *harmonische* Bestimmung der Töne an. Für die Melodie sind die Intervalle *als solche* wichtiger als deren genaue Spezifizierung. Das System der Notenlinien ist da die ganz passende Form, Melodien zu notieren: Das melodische Auf und Ab in den Tonfolgen ist das, was im Vordergrund steht.

Intervalle unterscheiden sich in ihrer Größe. Septime und Oktave mögen sich harmonisch als Dissonanz und Konsonanz unterscheiden; als Intervalle sind sie nur verschieden groß. Aber „Größe" meint bei Intervallen immer den in Stufen gemessenen Abstand zwischen den Tönen. Daher sind kleine Terz und übermäßige Sekunde verschiedene Intervalle, „obwohl" sie für sich genommen gleich klingen. Bemerkenswert ist auch die Form, in der sich Intervalle *nicht* unterscheiden: Alle Intervalle zwischen aufeinanderfolgenden Stufen sind gleich groß. Ungeachtet aller harmonischen Unterschiede, daher aber auch ungeachtet aller Unterschiede zwischen kleiner, großer und übermäßiger Sekunde stimmen alle Sekunden definitionsgemäß als Intervalle überein. Ebenso alle Terzen, alle Quarten usw. Auf dieser Identität der Intervalle beruht alle Übereinstimmung in der Melodik.

Indem sich die Melodie in Intervallen bewegt, hat auch das Wechselspiel von harmonischer Spannung und Entspannung eine melodische Form: Die Auflösung in die Tonika erscheint als melodischer Schritt zu einem Ton der Tonika. Betrachtet man die Sache nur oberflächlich, so scheint die Konsequenz, die dem Auftreten der Tonika anzumerken ist, nicht harmonisch, sondern melodisch begründet zu sein. Der auf die Melodik eingeschränkte Blickwinkel verleitet zu einem Fehlschluss: Da das zu einem Ton der Tonika hinführende Intervall oft ein Halbtonschritt ist, hält man diesen für die Ursache eines geheimen „Strebens", mit dem ein Ton auf einen „Zielton" zusteuert.

Halbtonschritte in den Tonleitern

Nach einer weit verbreiteten Meinung „strebt" in einer C-Dur- oder c-Moll-Tonleiter der Ton h nach dem c, ebenso in c-Moll der Ton d nach dem es. Jedenfalls dann, wenn die Tonleiter von unten nach oben verläuft. Im umgekehrten Fall wird in C-Dur ein „Streben" von f nach e entdeckt, und in c-Moll von as nach g. Bezeichnenderweise hängt die Frage, ob ein Ton zu einem anderen strebt, ja sogar ob er nach oben oder nach unten strebt, davon ab, ob der „Zielton" dieser Strebsamkeit ein Ton der Tonika ist oder nicht. Der Schluss, der daraus gezogen wird, zielt nicht auf den Charakter der Tonika, auf ihre Bestimmung als harmonische Auflösung einer harmonischen Spannung, sondern auf eine „weiterleitende Energie", die so sehr in einem vorausgehenden Ton vermutet wird, dass er *Leitton* genannt wird. Hier ein Beispiel für die Erläuterung dieses besonderen „Tons":

„Wichtig ist nun die Beobachtung, daß vor den Zieltönen ... ein scharfes Zusammendrängen der Bewegungsenergie in Form der Halbtöne ... stattfindet. Wir bezeichnen solche Töne, denen besonders starke weiterleitende Energie innewohnt, die unbedingt nach Auflösung in den Phasenendton drängt, als „Leittöne". Sie sind immer Halbtöne ..." [28]

Merkwürdig an dieser *„in Form der Halbtöne"* zusammengedrängten Energie ist vor allem dies: Ohne den *„Zielton"*, zu dem die *„weiterleitende Energie"* hindrängt, gibt es gar keinen Halbton, der ja ein Stufenabstand ist. Das wird in der Aussage, dass *„solche Töne ... immer Halbtöne"* sind, nicht bedacht. Wird der Halbton als Intervall aufgefasst, so wird dem Halbtonschritt die Kraft zugeschrieben, seine eigene Realisierung zu bewirken. Andernfalls wird das Auftreten eines Tons mit dem (geringen) Abstand begründet, den er

---

[28] Hermann Grabner, *Allgemeine Musiklehre*, Kassel 1974, S. 59.

zum vorhergehenden Ton hat, worin aber sein Auftreten schon logisch unterstellt ist. Deshalb gilt der siebte Ton einer Tonleiter immer nur dann als Leitton, wenn ihm der achte folgt. Dass dieser siebte Ton ein Leitton sei, halten die Theoretiker des „natürlichen" Moll nichtsdestotrotz für eine feststehende Tatsache. Den Halbtonschritt zur Tonika erklären sie nämlich nicht daraus, dass der siebte Ton die Terz einer Dominante ist, die ein Durdreiklang sein muss, sondern aus der menschlichen Sehnsucht nach einem Leitton, dem die „Natur" sich beugen muss. So wird die eine Illusion durch eine andere Illusion „bewiesen".

Zurück zu den Eigentümlichkeiten der Melodik: Die Melodie bewegt sich auf den Stufen der Tonleiter einer bestimmten Tonart. Wechselt die Tonart, so wechselt auch die Tonleiter, auf deren Stufen sich die Melodie weiterbewegt. Im folgenden Beispiel bewegt sich die Melodie zunächst auf den Stufen der C-Dur-Tonleiter, im eingekreisten Bereich aber dann auf den Stufen der G-Dur-Tonleiter:

Wechsel der Tonleiter [29]

Der letzte Ton in C-Dur, das g, ist die fünfte Stufe der Tonleiter. Im eingekreisten Bereich ist das g die erste Stufe der Tonleiter. Die Zählung der Stufen erfolgt ausgehend vom jeweiligen tonischen Grundton. Die Intervalle innerhalb der jeweiligen Tonart sind durch die Stufen der zugehörigen Tonleiter definiert. Wie aber steht es mit dem Intervall am Übergang zur neuen Tonart? Wie ist das Intervall zwischen dem Ton g und dem nachfolgenden fis aufzufassen? In diesem Fall ist der in den Tonleitern schematisierte Tonhöhenvergleich nicht anwendbar. An dieser Stelle erfolgt ein Tonhöhenvergleich *zwischen* den Tonarten. Bei diesem „inter-tonalen" Vergleich liegt der Ton g in C-Dur und in G-Dur auf der *gleichen* Stufe.

Man muss jetzt unterscheiden zwischen zweierlei Tonhöhenvergleich und daher zwischen zweierlei Gleichheit der Tonstufen: Beim Vergleich der Tonstufen *innerhalb* der Tonarten haben die Töne eine Beziehung zum tonischen

---

[29] Emanuel Geibel, Justus Wilhelm Lyra, *Der Mai ist gekommen* (1843).

Grundton, der immer als erste Stufe gezählt wird. Wechselt der Grundton mit der Tonart, so ändert sich die Ordnungszahl der Stufe, auf der ein und derselbe Ton liegt. Aber der Ton bleibt derselbe, auch in der neuen Tonart. Die gemeinsamen Töne der einander ablösenden Tonarten bleiben in der Regel Töne, die auf gleicher Stufe liegen. Die Gleichheit in diesem Sinne meint die gleiche Position nicht im Verhältnis zum jeweiligen tonischen Grundton, sondern im Verhältnis zu den Tönen in vergleichbarer Tonhöhe. Es gibt also eine „tonale" und eine „inter-tonale" Stufenlogik. Letztere greift beim Wechsel der maßgeblichen Tonleiter.

Nun gibt es aber auch Töne, in denen die aufeinanderfolgenden Tonarten *nicht* übereinstimmen. So der Ton fis im letzten Beispiel. Aber dieser Ton liegt zwischen den gleichen Tönen, zwischen denen vorher das f lag: zwischen e und g. Also liegt auch das fis auf der gleichen inter-tonalen Stufe wie vorher das f. Diese Stufe hat sich nur etwas verschoben. Sie ist näher an die Stufe darüber herangerückt. Harmonisch gesehen haben die Töne f und fis nichts miteinander zu tun. Melodisch sind sie Repräsentanten der gleichen Stufe. Diese Stufe wird eben nur beim Übergang zwischen den beiden Tonarten erhöht, also nach oben „alteriert" (= verändert). Das Intervall zwischen f und fis ist ungeachtet des Tonhöhenunterschieds eine Prime. Damit ist auch klar, welches Intervall im letzten Beispiel den Ton g von C-Dur mit dem Ton fis von G-Dur verbindet: Das Intervall an dieser Stelle ist eine Sekunde.

Da jede Tonleiter sieben Stufen besitzt, mit denen sie einen Oktavraum ziemlich gleichmäßig ausfüllt, fällt jeder neu auftretende Ton einer neuen Tonart normalerweise auf eine Stufe, die schon vor ihm besetzt war. Der für die Modulation charakteristische Übergang in einen neuen Tonbestand stellt sich daher melodisch dar als Verschiebung einzelner Stufenabstände. Die Identität und Reihenfolge der inter-tonalen Stufen bleibt dann über jede Modulation hinweg erhalten.

Im Normalfall der Modulation liegen die übereinstimmenden Töne der sich ablösenden Tonbestände auf identischen Tonstufen. Davon gibt es aber auch Ausnahmen. Betrachten wir noch einmal die im dritten Kapitel behandelte Modulation von a-Moll nach f-Moll und die zugehörigen Tonleitern:

a-Moll	**a**		h	c		d		e	f		gis
f-Moll		b		c	des			e	**f**	g	as

Tonleitern von a-Moll und f-Moll

Die gemeinsamen Töne der Tonarten sind: c, e, f und gis/as. Aber gis liegt auf einer anderen inter-tonalen Stufe als as. Denn das Intervall f-gis ist eine (übermäßige) Sekunde, das Intervall f-as ist eine (kleine) Terz. Melodisch gesehen können also nicht nur unterschiedliche Töne auf gleicher Stufe liegen, sondern auch gleiche Töne auf unterschiedlicher Stufe.

Die Notenschrift berücksichtigt prinzipiell den Unterschied zwischen gis und as, weil sie sich an den Stufen der Tonleiter orientiert. Die Symbole für die Töne der Tonleiter werden in jeder Tonart abwechselnd auf oder zwischen den Notenlinien platziert. Ausgehend von einer zugrunde gelegten Tonart C-Dur werden in den anderen Tonarten alle „abweichenden" Töne durch Vorzeichen kenntlich gemacht. Daraus folgt das im Quintenzirkel dargestellte System der Kennzeichnung aller Tonarten. Die erste praktische Konsequenz daraus ist, dass ein Musikstück stets in einer bestimmten Tonart aufgeschrieben wird. Das ist sinnvoller Weise die Tonart, die in einem Stück dominiert. Werden Stufen infolge einer Modulation alteriert, so werden die entsprechenden Töne mit zusätzlichen Vorzeichen oder Auflösungszeichen gekennzeichnet. Diese Konvention ist nicht absolut verbindlich, sondern erlaubt auch eine weitere Konvention, die sich „enharmonische Verwechslung" nennt: Ein gis darf zum Beispiel durch ein as ersetzt werden, wenn sich ein Akkord dadurch bequemer notieren lässt. In diesem Fall hat die Tatsache, dass gis und as ohnehin identische Töne sind, Priorität gegenüber der Rücksicht auf die Stufenlogik der Tonleitern. Ansonsten ist der Gebrauch der Vorzeichen innerhalb der Musikstücke nicht darauf beschränkt, den Tonartwechsel zu notieren. Erstens werden Molltonarten prinzipiell als bloße Abweichungen von den „parallelen" Durtonarten notiert. Zweitens werden auch indifferente oder atonale Passagen mit Vorzeichen versehen, die keinen Bezug zu einer Tonleiter haben.

Die Notenschrift hat, wie alle symbolischen Darstellungen, konventionellen Charakter. Nicht jedoch die damit notierten Dur- und Molltonleitern. Diese ergeben sich aus der harmonischen Grundlage der Musik. Sie sind gerade dadurch entstanden, dass sich Musiker von den Konventionen und Vorschriften gelöst haben, die den religiösen Gesang reglementiert haben. Die den heutigen Tonleitern zugrundeliegende Tonalität ist keine Frage der Gewohnheit oder der regulatorischen Willkür, sondern der Musikalität. Die Tonalität ist ein harmonisches *Gesetz*, die Notenschrift dagegen unterliegt *Regeln*, die nur für diejenigen gelten, die sich darauf einlassen, sich ihrer zwecks Fixierung und Erfassung musikalischer Ideen zu bedienen.

Wenn die Konvention der Notenschrift festlegt, dass ein notiertes Musikstück in einer bestimmten Tonart „steht", dann sollte man daraus nicht schließen, dass sich in diesem Musikstück alles in dieser Tonart abspielt. In den meisten Musikstücken finden Modulationen statt. Dann bewegen sich die Melodien auch auf wechselnden Tonleitern, und die Tonstufen werden alteriert. Die Alteration ist daher ein Indiz für eine Modulation.

Die bereits im dritten Kapitel erwähnten Vertreter der Theorie, dass eine Tonart aus mehr als sieben Tönen bestehe, sehen das ganz anders: Sie leugnen die Zusammengehörigkeit von Tonart und Tonleiter und unterscheiden *innerhalb* einer Tonart zwischen „leitereigenen" und „leiterfremden" Tönen. Dass die „leiterfremden" Töne in Wirklichkeit „leitereigene" Töne *einer neuen Tonleiter* sein könnten, ziehen sie nicht in Betracht. Infolgedessen nennen sie Akkorde, in denen sie „leiterfremde" Töne vermuten, „alterierte Akkorde". Den angeblich „leiterfremden" Ton deuten sie als Stellvertreter eines „leitereigenen" Tons, der eigentlich gemeint und eben „nur" alteriert worden ist. Der oberflächliche Blick auf die Melodik und der praktische Standpunkt, dass man Töne doch einfach alterieren kann, hat ganze Harmonielehren dazu verleitet, die Harmonien vom Standpunkt der melodischen Phänomene aus zu beurteilen und einzuteilen: Töne, in denen sich die Tonarten in Wirklichkeit unterscheiden und die harmonisch nichts miteinander zu tun haben, werden nur deswegen, weil sie auf der gleichen Stufe liegen, als durcheinander ersetzbare Vertreter derselben Tonart interpretiert.

7. Kontrapunkt

Die mehrstimmige Musik erscheint zunächst als eine Kombination von Melodien, die Stimmen genannt werden. Was die Stimmen kennzeichnet, ist jedoch nicht das bloß gleichzeitige Auftreten unterschiedlicher Melodien. Es ist auch nicht das bloße Harmonieren der Töne in der Mehrstimmigkeit, also die Benutzung der gleichen Tonleiter in jeder Stimme und die Einordnung der Melodien in das Gleichmaß der harmonischen Bewegung. Die Melodien werden vielmehr dadurch zu Stimmen, dass sie sich in ihrer melodischen Bewegungsweise aufeinander beziehen. Jede Stimme ist beständig in ihrem Fortschreiten auf das Fortschreiten jeder anderen Stimme bezogen. Dieses Prinzip heißt *Kontrapunkt*:

„In der musikalischen Wirklichkeit ist Kontrapunkt Interrelation, nicht Beziehungslosigkeit der Stimmen ...“ [30]

In den Anfängen der Polyphonie, aus denen noch der Ausdruck „Stimme" stammt, wurden die Melodien noch *äußerlich* kombiniert. Das führte zu einem wilden Durcheinandersingen, von dem das deutsche Wort „kunterbunt" (ursprünglich: contrapunctum) herrührt. Damals suchte man nach Konzepten, um die entstehenden Missklänge zu vermeiden, und es musste zuallererst die harmonische Grundlage der Musik gefunden werden. Zweitens aber musste der Kontrapunkt eine entscheidende Bedingung erfüllen: dass die einzelnen Stimmen in dem vielstimmigen Gesang und Musizieren als Melodien erkennbar bleiben. Da mag es hilfreich sein, wenn sie sich bestimmten Klangquellen mit besonderer Klangfarbe zuordnen lassen. Aber auch unter dieser Bedingung kann ein Stimmengewirr entstehen, in dem die melodischen Bewegungen der Stimmen für die Wahrnehmung verloren gehen. Mehrstimmigkeit ist also dann am besten realisiert, wenn die einzelnen Stimmen auch dann noch erkennbar bleiben, wenn sie mit einer einheitlichen Klangquelle wie etwa einem Klavier dargeboten werden. Selbständig sind die Stimmen zunächst in dem Sinne, dass sie als gesonderte Melodien wahrnehmbar sind. Aber das sind sie nicht, indem sie sich unabhängig voneinander bewegen, sondern ganz im Gegenteil: infolge ihrer *Bezugnahme* auf die restlichen Stimmen. Der melodische Charakter der Stimmen macht sich durch die Vergleichbarkeit ihrer Bewegungen bemerkbar. Die Unterscheidbarkeit der Stimmen wird also hauptsächlich durch die Verhältnisse erreicht, in die ihre melodischen Bewegungen zueinander gesetzt werden. Diese Bewegungsverhältnisse sind die im Folgenden behandelten Formen des Kontrapunkts.

---

[30] Carl Dahlhaus, *Untersuchungen über die Entstehung der harmonischen Tonalität*, Kassel 1968, S. 210.

Für die Untersuchung des Kontrapunkts reicht es, wenn man immer nur die Verhältnisse zweier Stimmen betrachtet. Alle Bewegungsverhältnisse in einem mehrstimmigen Musikstück lassen sich in solche einfachen Verhältnisse auflösen. Das einfachste Bewegungsverhältnis der Stimmen ist die *Parallelführung* der Stimmen.

Parallelbewegung [31]

Bei der Parallelbewegung führen beide Stimmen die gleiche melodische Bewegung aus, also auch die gleichen Intervalle. Dabei spielt die nähere Spezifizierung der Intervalle aufgrund der unterschiedlichen Stufenabstände keine Rolle: Betrachtet man im obigen Beispiel das zweite Intervall, die Sekunde nach oben, so handelt es sich in der Unterstimme um den Halbtonschritt von cis nach d, in der Oberstimme um den Ganztonschritt von e nach fis. In beiden Fällen handelt es sich um das gleiche Intervall. Auch der Abstand zwischen den Stimmen bleibt im selben Sinne „gleich": Die Stimmen schreiten im Abstand von Terzen voran. Dass sich dabei kleine und große Terzen abwechseln, ist unerheblich für die *melodische* Definition von Parallelität.

Parallelbewegungen im Abstand von Terzen lassen sich leicht und ausgiebig verwirklichen. Das hat einen harmonischen Grund: Die Töne können so als Bestandteile sowohl von Dissonanzen als auch von Konsonanzen auftreten. Die Melodien können den Auf- und Abbau von harmonischer Spannung zur Aufführung bringen. Das geht natürlich auch im Abstand von Sexten. Werden die Stimmen aber im Abstand von Septimen parallel geführt, so kann die dadurch entstehende Spannung im Verlauf dieser Bewegungsform nicht abgebaut werden. Aus einem anderen Grund wird auch von der Oktavparallele wenig Gebrauch gemacht: Sie hat eine zu große Ähnlichkeit mit der Einstimmigkeit und wird daher nur für besondere Effekte genutzt, wie zum Beispiel hier:

Oktavparallele [32]

---

[31] Johann Sebastian Bach, *Bourrée* (BWV 807), Takt 1, obere Stimmen.
[32] Johann Sebastian Bach, *Toccata* (BWV 565), Takt 1.

Für die Form der Parallelführung selbst sind deren harmonische Voraussetzungen aber gar nicht so wichtig. Was in dieser Hinsicht möglich ist, merken die Komponisten schnell. Interessant ist die Parallelbewegung als Figur des Kontrapunkts. Darin sind die Stimmen völlig voneinander abhängig, sozusagen aneinander gekettet, und haben gerade darin die Grundlage ihrer *Unterscheidbarkeit* als eigenständige Stimmen: Unterscheidbar sind sie durch die relative Lage, die sie beständig zueinander einnehmen: Es gibt eine starre Trennung von Ober- und Unterstimme. Insofern sorgt schon die erste Form des Kontrapunkts selbst dafür, dass die Stimmen identifizierbar sind. Allerdings wird so die *Unterscheidbarkeit* der Stimmen nur auf Kosten des melodischen *Unterschieds* der Stimmen erreicht. Dabei kann der Kontrapunkt nicht stehen bleiben. Wenn die *Selbständigkeit* der Stimmen in einem substantielleren Sinn realisiert werden soll, müssen die Stimmen auch eine eigene Bewegungsfreiheit entfalten können.

In dieser Hinsicht erbringt die *Synchronbewegung* einen Fortschritt: Die melodische Übereinstimmung der Stimmen ist auf die Gleichzeitigkeit im Fortschreiten der Stimmen reduziert.

Weil du vom Tod' er-stan-den bist

Synchronbewegung [33]

Die Synchronbewegung ermöglicht eine Stimmbewegung in unterschiedlichen Intervallen. Dabei bewegen sich die Stimmen beständig aufeinander zu oder entfernen sich voneinander. Sie bewegen sich entweder in die gleiche oder in die entgegengesetzte Richtung. Beide Formen sind im obigen Beispiel zu erkennen. Die englische Sprache fasst diesen formellen Unterschied in den Begriffen „similar motion" und „contrary motion". Die in der Synchronbewegung gewonnene Bewegungsfreiheit der Stimmen ermöglicht auch eine Stimmenkreuzung, also eine Vertauschung des Oben und Unten in der Stimmbewegung. Allerdings ist dabei die Unterscheidbarkeit der Stimmen aufgrund ihrer Klangquellen vorausgesetzt. Dies ist der einzige Fall, in dem die Identität der Stimmen nicht vollständig durch ihr eigenes Bewegungsverhältnis verbürgt wird. Die Prägnanz der Polyphonie, die besonders im Kontrast der Stimmen bei der Gegenbewegung hervortritt, ist dadurch ein wenig relativiert.

---

[33] Johann Sebastian Bach, *Choral* (BWV 15, Nr. 9).

Die nächste Form des Kontrapunkts besteht im *ungleichzeitigen Fortschreiten* der Stimmen: Während der Ton in der einen Stimme noch fortklingt, bewegt sich die andere Stimme weiter. Der Gegensatz im Bewegungsverhältnis der Stimmen liegt nicht mehr nur in Form und Richtung der jeweiligen Bewegung, sondern im gleichzeitigen Stattfinden oder Unterbleiben der Fortbewegung. Ein solches Bewegungsverhältnis gibt es zum Beispiel in der Form, dass sich die eine Stimme schneller bewegt als die andere:

Fortschreitung in unterschiedlicher Geschwindigkeit [34]

Im ersten Takt dieses Orgel-Parts von Procol Harum bewegt sich die Unterstimme schneller als die Oberstimme. Im zweiten Takt schreiten die Töne der Unterstimme zwar gleichzeitig mit Tönen der Oberstimme voran; aber einige Töne der Oberstimme bewegen sich auch einseitig fort. Die Ungleichzeitigkeit der melodischen Fortbewegung lässt sich noch steigern, wenn das gleichzeitige Fortschreiten der Stimmen weitgehend gemieden wird. Eine dieser Varianten beruht darauf, dass die melodische Bewegung in den Stimmen zeitlich gegeneinander versetzt wird, so dass jeweils in einer der Stimmen Synkopen auftreten. Diese Variante ist kennzeichnend für das folgende Beispiel:

Stimmenkreuzung bei ungleichzeitiger Fortschreitung [35]

Diese Passage, die für ein Pink Floyd-Album als Bläsersatz aufgenommen worden ist, enthält eine Überschneidung der beiden oberen Stimmen, die völlig unabhängig von der Instrumentierung zustande kommt. Sie ist auch dann noch wahrnehmbar, wenn die Takte auf einer Orgel gespielt werden, denn sie beruht auf der Form des Kontrapunkts selbst: Während der Ton f als Bestandteil der

---

[34] Gary Brooker und Matthew Fisher, *A Whiter Shade of Pale* (1967).
[35] Rick Wright, *Summer '68* (1970).

„mittleren" Stimme im ersten Takt erklingt, bewegt sich die „Oberstimme" über diesen Ton hinweg nach unten. Im zweiten Takt kehrt diese Stimme – ebenfalls über den Ton f hinweg – wieder zurück in die obere Lage.

Die Wahrnehmbarkeit einer Stimme ist hier nicht an eine relative Stimmlage gebunden. Die Begriffe „Oberstimme" oder „mittlere Stimme" sind kein angemessenes Kriterium mehr, um eine Stimme zu identifizieren. Die Trennung der Stimmen hat hier einen ganz einfachen Grund: Ein Ton kann, während er erklingt, seine Zugehörigkeit zu einer Stimme nicht verlieren, auch dann nicht, wenn andere Stimmen indessen seine Bahn kreuzen. Die Unterscheidbarkeit der Stimmen ist hier daher durch ihr eigenes Bewegungsverhältnis gewährleistet. Das gilt für alle Formen des asynchronen Fortschreitens, und also natürlich auch für eine weitere Extremform dieses Bewegungsverhältnisses: den Orgelpunkt. Dieser ist ein Ton, der etliche Takte lang durchgehalten wird, während sich andere Stimmen fortbewegen.

Orgelpunkt [36]

Der Orgelpunkt setzt voraus, dass die aufeinanderfolgenden Harmonien einen gemeinsamen Ton enthalten. Dieser Ton kann beachtliche harmonische Metamorphosen durchlaufen, wenn er im Rahmen weitläufiger Modulationen durchgehalten wird. Im obigen Fall konstituiert sich in einer fast vollständigen Tonleiter die Tonart C-Dur, im letzten Drittel des ersten Taktes erfolgt ein Wechsel nach a-Moll, im zweiten Takt wieder nach C-Dur, und dann – im letzten Drittel des zweiten Taktes – nach d-Moll. Der im Bass als Orgelpunkt durchgehaltene Ton a tritt zunächst als subdominantische Terz von C-Dur auf, dann als tonischer Grundton von a-Moll, danach wieder als subdominantische Terz von C-Dur und schließlich als dominantischer Grundton von d-Moll.

Im letzten Beispiel kann man an den beiden oberen Stimmen noch eine weitere, letzte Form des Kontrapunkts sehen: das *ungleichzeitige Pausieren*. Wegen der sehr kurzen Pausen ist diese Form hier nicht besonders deutlich ausgeprägt, aber das Prinzip ist dennoch zu erkennen. Der Kontrast der Stimmen ist dadurch bis zum letzten Extrem gesteigert: Er betrifft nicht mehr nur

---

[36] Johann Sebastian Bach, *Präludium* (BWV 569).

die Frage der Fortbewegung, sondern die der klanglichen Präsenz. Die eigentliche Potenz dieser kontrapunktischen Figur liegt in der speziellen Konstellation, worin die Stimmen *beständig abwechselnd* pausieren. Das Bewegungsverhältnis der Stimmen tendiert dann dazu, die Gleichzeitigkeit der Stimmen in ein zeitliches Nacheinander auseinanderzulegen. Erfolgt der Wechsel zwischen Hervortreten und Pausieren der Stimmen in rascher Folge, so entsteht eine Quasi-Gleichzeitigkeit der Stimmen. Dieser Zustand der *scheinbaren Einstimmigkeit*, in der zu jedem Zeitpunkt immer nur eine der Stimmen wahrnehmbar ist, unterstellt allerdings eine prägnante kontrapunktische Stimmführung, in der die *tatsächliche Mehrstimmigkeit* hervortritt. Im folgenden Beispiel macht sich deutlich die Konfrontation von fortschreitender und liegender Stimme geltend:

Fortschreitende und liegende Stimme [37]

Die beiden Stimmen können bequem als *eine* Stimme notiert werden, weil sie nie simultan erklingen. Dass es sich gleichwohl um abwechselnd pausierende Stimmen handelt, kann man an ihrem Kontrapunkt erkennen. Der Kontrapunkt ist hier unmittelbar die Ursache der Polyphonie. Die Trennung der Stimmen erfolgt auf dieser Grundlage durch ihre Bindung an *Taktsegmente*: Die liegende Stimme tritt im obigen Beispiel immer an der unbetonten Stelle in Erscheinung. In ähnlicher Weise sind im folgenden Beispiel drei Stimmen an je drei aufeinanderfolgende Segmente einer Zwölfteilung des Taktes fixiert:

Parallelbewegung, Gegenbewegung, Stimmenkreuzung [38]

Auch hier ist die Notation vereinfacht: Sie fasst *zwei* tatsächliche Stimmen in *einer* geschriebenen Stimme zusammen. Die beiden Stimmen, die auf unbetonten Segmenten in Erscheinung treten, sind als selbständige Stimmen daran zu erkennen, dass sie im Abstand von Terzen und Sexten parallel geführt

---

[37] Johann Sebastian Bach, *Toccata* (BWV 565), Takt 80-82.
[38] Johann Sebastian Bach, *Gigue* (BWV 825), Takt 25/26.

werden. Im Verhältnis zu diesen Stimmen bewegt sich die auf betonten Segmenten fortschreitende Stimme in ungleichen Intervallen, und zwar in der Tendenz als Gegenbewegung. Die ‚betonte' Stimme bewegt sich völlig frei durch die beiden parallel geführten Stimmen hindurch nach unten, und zwar auch dann noch, wenn man die Viertelnoten als pausierende Achtelnoten spielt; denn die Freizügigkeit der Stimmen beruht in diesem Fall auf deren Fixierung an Taktsegmente.

Allerdings ist diese Form von Polyphonie ganz und gar vom Kontrapunkt selbst abhängig, der die Stimmbewegungen als solche erkennbar macht. Die Stimmen zeigen sich – wenn auch durch Pausen unterbrochen – als Orgelpunkt, Parallelbewegung, Gegenbewegung usw. Sie bilden einen eigenen kontrapunktischen Überbau und sind doch nur Verlaufsformen des ungleichzeitigen Pausierens, ihrer kontrapunktischen Basis. Die ganze Konstruktion fällt jedoch sofort in sich zusammen, wenn die aufgesetzte Form des Kontrapunkts verschwindet:

Gegenbewegung und Übergang in Einstimmigkeit [39]

In dieser Fuge baut sich der Kontrapunkt von zwei auseinanderstrebenden Stimmen auf, um bereits im dritten Takt wieder zurückgenommen zu werden. Die abwärts gerichtete Tonleiter, die eine in sich zusammenhängende Melodie verkörpert, setzt diesen Kontrapunkt außer Kraft. Ober- und Unterstimme rücken wieder zusammen und werden in eine Stimme zusammengeführt.

Der Kontrapunkt setzt also die Unterscheidbarkeit der Stimmen nicht nur voraus, sondern erzeugt sie weitgehend selbst. Dies geht so weit, dass er sogar Mehrstimmigkeit verursachen kann, wie man an den letzten Beispielen gesehen hat. Der Kontrapunkt ist damit das Lebenselixier der Polyphonie. Und die Polyphonie wahrt, komplettiert und verfestigt das Prinzip der Melodik, die Bewegung auf Tonstufen.

Von der *theoretischen* Betrachtung des Kontrapunkts in diesem Kapitel muss man die mehr *praktisch* motivierten Kontrapunkt- oder Satzlehren unterscheiden. Bei diesen wird nicht danach gefragt, was der Kontrapunkt ist und welches seine notwendigen Formen sind, sondern danach, worauf man beim Komponieren von mehrstimmiger Musik achten soll. Dabei werden vielfach Prinzipien der Stimmführung mit harmonischen Sachverhalten durcheinander gebracht. Zum Beispiel wird die Auflösung von Dissonanzen nicht aus deren

---

[39] Johann Sebastian Bach, *Fuge* (BWV 548).

harmonischer Eigenart erklärt, sondern als Frage einer vorschriftsmäßigen Stimmführung behandelt. Der praktische Nutzen solcher Traktate ist umso zweifelhafter, je mehr sich darin noch die mittelalterliche Illusion geltend macht, man könne gutes Komponieren durch das Beherzigen von Regeln und Vorschriften erlernen.

8. Motiv

Mit dem Kontrapunkt ist die Melodik noch nicht fertig: Die Tonfolgen sind im Sinne eines permanenten Vergleichs aufeinander bezogen, und zwar nicht nur – wie zuvor betrachtet – im Hinblick auf die *Form* ihrer Bewegung, sondern auch im Hinblick auf deren melodischen *Inhalt*. Die Stimmen reproduzieren und kopieren beständig die Bewegung, die sie bereits vollführt haben, sei es in der gleichen Stimme, sei es in einer anderen Stimme.

Sequenz

In einer Sequenz wird die melodische Bewegung einer Tonfolge gleich anschließend auf einer anderen Tonstufe wiederholt. Im obigen Beispiel wird die Tonfolge *a* durch die nachfolgende Tonfolge *a'* nachgeahmt. Die melodische Bewegung ist die gleiche. Auch die Intervallfolge ist die gleiche, und zwar im gleichen Sinne, wie sich Intervallfolgen auch bei der Parallelführung der Stimmen gleichen: Der Unterschied zwischen der kleinen Sekunde a-b und der großen Sekunde g-a spielt keine Rolle. Die Tonfolge *a'* unterscheidet sich nur dadurch von der vorangegangenen, dass sie die gleiche melodische Bewegung eine Stufe tiefer ausführt. Die Übereinstimmung mit der nachfolgenden Tonfolge macht aus der ersten Tonfolge ein *Motiv*. Ein Motiv ist also eine Tonfolge, die in gleicher oder abgewandelter Form in dem Musikstück wiederkehrt.

Die Übereinstimmung zwischen melodischem Urbild und seiner Nachbildung muss nicht im exakten Ablauf der melodischen Bewegung liegen. Sie existiert auch in Formen, in denen die Bewegung des Motivs modifiziert wird:

Umkehrung

Bei der Umkehrung *a'* bewegt sich die Melodie des Motivs *a* in umgekehrter Richtung. Ein Motiv kann in seinen Nachbildungen in vielerlei Hinsicht variiert sein: Die melodische Bewegung des Musters kann als sogenannter Krebs rückwärts geführt werden, sie kann in längeren oder kürzeren Notenwerten wiedererstehen, die einzelnen Töne des Motivs können rhythmisch aufgespalten werden usw. Die Variation beruht in der Regel darauf, dass in der abgeleiteten Tonbewegung das Motiv insgesamt nach einem einheitlichen Prinzip umgestaltet ist. Allerdings muss das Original in der Nachbildung erkennbar bleiben; falls nicht, gibt es auch kein Motiv.

Melodie ohne Motiv

Dieses Beispiel zeigt keine melodische Übereinstimmung von Melodieteilen und enthält deshalb kein Motiv. Dieselbe Tonfolge, die in den vorigen Beispielen ein Motiv war, verliert ihren motivischen Charakter, sobald jegliche Form von melodischer Nachbildung ausbleibt. Die Existenz des Motivs ist also untrennbar mit seiner Wiederaufnahme im Fortgang der Stimmbewegungen verknüpft. Ob sich an dem obigen Beispiel ein Motiv herauskristallisiert oder nicht, das hängt ganz davon ab, ob und wie diese Melodie fortgesetzt oder ergänzt wird. Im folgenden Beispiel entsteht ein Motiv durch Hinzufügen einer Unterstimme, die den Bewegungsablauf der oberen Stimme imitiert:

Imitation

Die Nachbildung des Motivs in einer anderen Stimme kann auch schon beginnen, bevor die motivische Vorgabe verklungen ist. Es handelt sich dann um eine sogenannte Engführung, die man am Anfang vieler Fugen finden kann:

Engführung

Es zeigt sich im Vergleich der Beispiele, dass es ganz und gar von der Weiterführung der Stimmen abhängt, ob eine bestimmte Tonfolge Motiv, Teil eines Motivs oder überhaupt kein Motiv ist. Anfang und Ende eines Motivs sind an jene Übereinstimmung in den melodischen Phasen gebunden, der das

Motiv seine Existenz verdankt. Ein Motiv beginnt genau da, wo die Übereinstimmung mit einem anderen melodischen Abschnitt beginnt, und es endet genau mit dieser Übereinstimmung. Im folgenden Beispiel besteht dieselbe Tonfolge, die bisher als Motiv oder Teil eines Motivs angeführt wurde, aus *zwei* Motiven:

Wiederholungen [40]

Beide Motive entstehen durch Wiederholungen, die entweder sofort oder etwas später nachfolgen. Motiv und Wiederholung stimmen überein in ihrem melodischen Gehalt, also in ihren Tönen, in deren Reihenfolge und Tonlängen. Die Fortsetzung des obigen Beispiels zeigt, dass die Motive *a* und *b* zu einem Motiv *c* zusammengesetzt sind:

Zusammengesetztes Motiv

Im folgenden Beispiel ist die Tonfolge *b* ein Motiv, das sowohl innerhalb als auch außerhalb des Motivs *c* wiederkehrt. Dieses Beispiel ist in seiner Gesamtheit ein Fugenthema und als solches selbst wieder ein Motiv, das in allen Stimmen imitiert wird. Ein *Thema* ist ein Motiv, das in einem Musikstück vorherrscht und ihm seinen Charakter aufprägt.

Verschachtelte Motivik [41]

Man sieht also: Es ist nicht der melodische Gehalt, der eine Tonfolge zum Motiv macht, sondern dessen Übereinstimmung mit anderen Phasen der melodischen Bewegung. Betrachtet man das Motiv dagegen isoliert, als bloße Tonfolge, dann erscheint es als geheimnisvolles Wesen. Und seine Wiederkehr im Musikstück erscheint nicht als Ursache, sondern als Folge seines motivischen Charakters. In Musiklehren kursieren häufig Definitionen des Motivs, denen diese Verkehrung von Ursache und Folge zugrunde liegt:

---

[40] Oberstimme bei Johann Sebastian Bach, *Brandenburgisches Konzert* Nr. 2 (BWV 1047).

[41] Johann Sebastian Bach, *Fuge* (BWV 542).

„Unter Motiv (...) versteht man die kleinste, selbständige und charakteristi-
sche melodische Bewegungseinheit ... Es gibt den entscheidenden Bewegungs-
impuls für den weiteren Verlauf ... Ein Motiv kann auch in zwei oder mehrere
‚Unterteilungsmotive' gegliedert sein ..." [42]

„Beschäftigen wir uns ... mit dem kleinsten Baustein, dem Motiv. Es stellt
eine unverwechselbare, charakteristische, musikalisch sinnvolle Einheit dar.
Aus ihm entwickelt sich das weitere Geschehen ... Das Motiv kann aus 2 glei-
chen, ähnlichen oder gegensätzlichen Teilmotiven bestehen." [43]

Beide Definitionen transportieren die Vorstellung, das Motiv sei als Tonfolge eine für sich bestimmte, selbständige Einheit und als solche *Ursache*
(Impulsgeber, Keim ...) für das weitere „Geschehen". Das Motiv soll sich also
als Tonfolge von sonstigen Tonfolgen durch besondere *Eigenschaften* unterscheiden, und zwar noch *vor* seiner melodischen Reproduktion und *unabhän-*
gig von jeglicher melodischen Übereinstimmung. Der Versuch, solche Eigenschaften zu suggerieren, landet notwendigerweise bei Absurditäten: Das Motiv
wird als *kleinste* Einheit eingeführt und soll doch wenige Sätze später schon in
noch kleinere Einheiten unterteilt sein. Außerdem soll das Motiv eine *charak-*
teristische Einheit sein. Dann muss man aber fragen, *wofür* die betreffende
„Einheit" charakteristisch sein soll. Eine Tonfolge kann allenfalls für die musikalische Umgebung charakteristisch sein, in der sie vorkommt. Damit ist aber
nur ausgedrückt, dass diese Tonfolge wiederholt in einem Musikstück auf-
taucht. Und eben dadurch wird diese Tonfolge überhaupt erst so etwas wie eine
abgrenzbare „Einheit".[44] Das wiederholte Auftreten ist also die *Ursache* dafür,
dass eine Tonfolge ein Motiv ist, und nicht die *Folge* davon. Der Sache nach
und theoretisch korrekt gefasst ist das Motiv Produkt einer in sich reflektierten
Melodik.

Verkehrte Definitionen wie die oben zitierten kommen dadurch zustande,
dass beim *theoretischen* Nachdenken eine *praktische* Perspektive eingenom-
men wird: Da der Komponist sich das Motiv zuerst als Tonfolge ausdenkt und
dann erst das Musikstück, in dem diese Tonfolge wiederkehrt, erscheint das
Motiv als Quelle seiner weiteren Einfälle. Und da es sehr schwierig ist, Melodien ohne Motiv zu erfinden, die Musikalität des Komponisten also dafür
sorgt, dass sich die melodische Übereinstimmung in den Phasen der Stimmbewegung „wie von selbst" ergibt, wird der falsche Schein, der dem Motiv an-
haftet, zementiert.

---

[42] Hermann Grabner, *Allgemeine Musiklehre*, Kassel 1974, S. 165 und 167.

[43] Wieland Ziegenrücker, *Allgemeine Musiklehre*, Mainz 1982, S. 140 f.

[44] Riemann, der fest davon überzeugt war, dass es nur von der Beschaffenheit einer Tonfolge
abhänge, ob sie ein Motiv sei oder nicht, hat eigens „tote Intervalle" erfunden, mit denen er
glaubte, die Grenzen eines Motivs dingfest machen zu können. Siehe dazu: Hugo Riemann, *System*
der musikalischen Rhythmik und Metrik, Leipzig 1903, S. 14 f.

Natürlich hat eine falsche Definition keinen praktischen Nutzen: Wer keine Vorstellung von einem Motiv hat, kann sie auch durch die oben zitierten Ausführungen nicht bekommen. Diese Definitionen können nicht dabei helfen, zu sagen, wo ein Motiv anfängt und wo es aufhört. Für den, der in der Praxis gewohnt ist, Motive wiederzuerkennen und sich über sie zu verständigen, bieten solche Aussagen nur (verkehrte) Deutungen dessen, was er kennt.

Falsche Definitionen kursieren vielfach da, wo sich die Bestimmung einer Sache aus den Verhältnissen ergibt, in denen sie steht. In der Musik trifft man auf etliche ‚Verhältnisbestimmungen': Ein Ton wird zum *Grundton* durch die Konsonanz; eine Konsonanz wird zur *Tonika* durch die Tonalität; eine Melodie wird zur *Stimme* durch den Kontrapunkt. Dass Klangformen ihre Bestimmung aus den Verhältnissen beziehen, in denen sie stehen, ist kein Wunder: Alle Begriffe, die in diesem Buch behandelt wurden, sind aus der Darstellung der harmonischen, rhythmischen oder melodischen Verhältnisse gewonnen. Die begriffliche Entwicklung dieser auf der Konsonanz aufgebauten Verhältnisse zeigt die wahre Natur und den inneren Zusammenhang all der Erscheinungen, die jedem Musiker bekannt sind. Man kann jetzt auch ganz allgemein sagen, was das für Verhältnisse sind, um die es in der Musik geht: Es sind Verhältnisse, in denen die klanglichen Komponenten *zusammenpassen*, Verhältnisse, in denen es auf Übereinstimmung und Kompatibilität ankommt. Als solche sind sie hier noch einmal zusammengefasst:

Objekte, die zusammenpassen	Ergebnis
Klangvolle Töne	Konsonanz
Konsonanzen	Tonalität
Tonarten	Modulation
Harmonien	Takt
Taktsegmente	Metrik
Töne einer Tonart	Tonstufen
Melodische Bewegungen	Kontrapunkt
Tonfolgen	Motiv

Wir haben in diesem Buch nur das Grundlegende der Musik betrachtet: die allgemeinen Bestimmungen der Musik, das, was allen Musikrichtungen gemeinsam ist. Betrachtet man in der gleichen rationellen Weise auch das, worin sich die Musikrichtungen unterscheiden, dann findet man weitere Formen, in denen klangliche Komponenten zusammenpassen, und zwar in allen musikalischen Gattungen und Stilformen, ja selbst noch im konkreten Aufbau einer einzelnen Komposition.

Verhältnisse, in denen Wahrnehmungsinhalte zusammenpassen, gibt es nicht nur in der Musik. Man findet sie bei allen ästhetischen Objekten: in der

Symmetrie der Architektur, dem Rhythmus der Tanzbewegungen, dem Reim und Versmaß in der Poesie usw. Offensichtlich verschafft der Mensch sich und seinesgleichen einen Genuss, wenn er Objekte in solche Verhältnisse setzt. Insofern ist die hier vorgelegte Musiklehre auch ein kleiner Beitrag zum Thema Ästhetik.

Und natürlich will dieses Buch auch Aufklärung betreiben angesichts des weit verbreiteten Mystizismus, der sich an der Musik austobt. Denn in der gleichen Weise, in der in vorwissenschaftlichen Zeiten nach der Bedeutung der Sterne und sonstiger Naturerscheinungen gefragt wurde, wird noch heute darüber nachgedacht, was wohl die Töne, die Tonarten, die Motive, die Musikstücke usw. „bedeuten". Überall wird spekuliert, welche geheime Botschaft der Tonkünstler in seinem Werk versteckt hat und worin die Besonderheit seiner musikalischen „Sprache" liegt.[45] Und da sich selbst Komponisten und Musikwissenschaftler an solchen Überlegungen beteiligen, kann vielleicht diese Musiklehre ein wenig dabei helfen, das Fluidum des Geheimnisvollen aus der Musik zu vertreiben.

---

[45] So schreibt Helmut Mauró – dies nur als willkürlich gewähltes Beispiel – in seiner Besprechung einer Bach-Biographie von Michael Maul: „*Zum Weihnachtsoratorium verweist er natürlich auf Bachs eigene kompositorische Vorlagen, allesamt weltliche Vorlagen, die er nun, versehen mit neuen Texten, zusätzlichen Rezitativen und Chorälen, zu einem opus magnum zusammenstellte. Aber, sagt Maul, ,wüssten wir nicht um diese Vorgeschichte, wir würden nie erahnen, dass die unsterblichen Klänge von Bachs Weihnachtsoratorium eine weltliche Vorgeschichte hatten'. Das berührt den Kern von Bachs Musiksprache, die so eindeutig uneindeutig ist, dass sie auch und gerade dann besonders deutlich zu uns spricht, wenn wir nicht sagen könnten, was ihr Bedeutungsgehalt ist.*" (Helmut Mauró in der Süddeutschen Zeitung vom 21.12.2021, S. 11). Wenn die Fakten sich nicht mit der Vorstellung eines bestimmbaren Bedeutungsgehalts von Musikstücken vereinbaren lassen, dann kann man die Illusion einer „Musiksprache" gleichwohl aufrechterhalten: Die Aussage der Musik ist dann so deutlich, dass ihr Inhalt ewig verborgen bleiben muss!

Literaturverzeichnis

Carl Dahlhaus, *Untersuchungen über die Entstehung der*   17, 53
harmonischen Tonalität, Kassel 1968

Carl Dahlhaus und Hans Heinrich Eggebrecht (hg.),   32, 42
Brockhaus Riemann Musiklexikon, Band 4, Mainz 1998

Hermann Grabner, *Allgemeine Musiklehre*, Kassel 1974   16, 48, 64

Max Paul Heller, *Die Musik als Geschenk der Natur*,   18
Berlin 1930

Heinrich Husmann, *Vom Wesen der Konsonanz*, Heidelberg 1953   11

Gerhard Kwiatkowski u. a. (hg.), *Meyers kleines Lexikon*   21, 41
Musik, Mannheim u. a. 1986

Jean-Philippe Rameau, *Traité de l'harmonie réduite à ses*   15
principes naturels, Paris 1722

Hugo Riemann, *System der musikalischen Rhythmik und Metrik*,   64
Leipzig 1903

Franz Sauter, *Die Musikwissenschaft in Forschung und Lehre*,   41
Norderstedt 2010

Johannes Schreyer, *Lehrbuch der Harmonie und der Elementar-*   31
komposition, Leipzig 1924

Gioseffo Zarlino, *Le istitutioni harmoniche*, Venedig 1558   7

Wieland Ziegenrücker, *Allgemeine Musiklehre*, Mainz 1982   64

Verzeichnis der Notenbeispiele

20. Jahrhundert

Anne Bredon, Jimmy Page und Robert Plant, *Babe I'm Gonna Leave You*   33
(Led Zeppelin 1969)

Gary Brooker und Matthew Fisher, *A Whiter Shade of Pale*   56
(Procol Harum 1967)

Mick Jagger, Keith Richards und Andrew Loog Oldham, *As Tears Go By*   34
(Rolling Stones 1966)

John Lennon und Paul McCartney, *Rocky Raccoon* (Beatles 1968)   39

Rick Wright, *Summer '68* (Pink Floyd 1970)   56

19. Jahrhundert

Emanuel Geibel, Justus Wilhelm Lyra, *Der Mai ist gekommen* (1843)   49

18. Jahrhundert

Johann Abraham Peter Schulz, *Der Mond ist aufgegangen* (1790)   32

Johann Sebastian Bach

     BWV 15, Nr. 9: *Weil du vom Tod' erstanden bist*   55
     BWV 248, Nr. 36: *Fallt mit Danken*   37
     BWV 542: *Fuge*   63
     BWV 548: *Fuge*   59
     BWV 552: *Präludium*   38
     BWV 565: *Toccata*   54, 58
     BWV 569: *Präludium*   57
     BWV 807: *Bourrée*   54
     BWV 825: *Gigue*   58
     BWV 846: *Präludium*   35, 39
     BWV 853: *Präludium*   37
     BWV 876: *Präludium*   36
     BWV 879: *Präludium*   42
     BWV 988: *Variatio 27*   43
     BWV 999: *Präludium*   36
     BWV 1047: *Brandenburgisches Konzert Nr. 2*   63